GIRO DOS AFETOS

a literatura rosiana
no meio do redemoinho

Gabriel Túlio de Oliveira Barbosa

Copyright © 2019 by Editora Letramento
Copyright © 2019 by Gabriel Túlio de Oliveira Barbosa

Diretor Editorial | **Gustavo Abreu**
Diretor Administrativo | **Júnior Gaudereto**
Diretor Financeiro | **Cláudio Macedo**
Logística | **Vinícius Santiago**
Designer Editorial | **Luís Otávio Ferreira**
Assistente Editorial | **Giulia Staar e Laura Brand**
Capa | **Sergio Ricardo**
Revisão | **LiteraturaBr Editorial**
Diagramação | **Isabela Brandão**
Ilustrações | **Alves, Fernando e Yuri Alves.**

Todos os direitos reservados.
Não é permitida a reprodução desta obra sem
aprovação do Grupo Editorial Letramento.

Dados Internacionais de Catalogação na Publicação (CIP) de acordo com ISBD

```
O48g     Oliveira, Gabriel
             Giro dos afetos: a literatura rosiana no meio do redemoinho / Gabriel
         Oliveira. - Belo Horizonte : Letramento, 2019.
             184 p. : il. ; 15,5cm x 22,5cm.

             Inclui bibliografia.
             ISBN: 978-85-9530-345-4

             1. Literatura brasileira. I. Título.
                                                            CDD 869.8992
2019-2325                                                   CDU 821.134.3(81)
```

Elaborado por Vagner Rodolfo da Silva - CRB-8/9410

Índice para catálogo sistemático:
1. Literatura brasileira 869.8992
2. Literatura brasileira 821.134.3(81)

Belo Horizonte - MG
Rua Magnólia, 1086
Bairro Caiçara
CEP 30770-020
Fone 31 3327-5771
contato@editoraletramento.com.br
editoraletramento.com.br
casadodireito.com

Aos Gerais

AGRADECIMENTOS

Este livro originou-se de minha tese de doutorado em geografia, apresentada no Instituto de Geociências da Universidade Federal de Minas Gerais, em setembro de 2018. Antes de tudo, agradeço ao olhar do meu orientador Bernardo Machado Gontijo: olhar que renova as tardes, aumenta o poente, enriquece a natureza com sua incompletude. Devo ao Bernardo, da nascente à foz, o coração que fez o corpo girar neste livro. Na banca avaliadora da tese fiquei atento aos outros olhares, escutas e palavras que me inspiraram e promoveram sugestões valiosas: Mariana Ruggieri, Adriana Melo, Renata Marquez e Gustavo Meyer.

No âmbito acadêmico e afetivo, meus agradecimentos se estendem ao brilho de Claudia Campos Soares, às sensibilidades de Doralice Barros Pereira, aos recados de José Miguel Wisnik: maquinações do mundo, mundos maquinais. À boa prosa barroca de João Adolfo Hansen. Ao Jardim da Estrela de Clara Rowland, que confiou nos acasos. À Robert Coates, Pieter de Vries e Alberto Arce, pela acolhida no frio holandês.

Do sertão, com o sertão e para o sertão, agradeço especialmente *aos olhos tão em sonhos* de Almir Paraka, Damiana Campos, Daiana Campos e Diana Campos, Brasinha, Dieter Heidemann e Fátima Coelho. E aos *Ecos* de outros sonhos mais: Mari Cabral, Sô, Pri, Igor, Isa, Ju Pirró, Helena, Keyane, Vini, Guidyon, Leo, Johnny, Maria, Rhaul, João Carlos, Amanda, Mafê, Esther, Filipe, Mari, Gui, Camila, Camilla, Simone, Dinalva, Débora, Bia, Gui Mamede, Natame. Sou grato ainda a Diego Zanotti e Paulo Junior, pela coragem de entrar no redemoinho para partilhar a viagem, o cinema e a vida.

Pelas belíssimas ilustrações que compõem este livro, agradeço ao grande parceiro do Cerrado, Alves, além de Yuri Alves e do Fernando. E pelo mapa, também belíssimo, à Amanda Alves.

Meu agradecimento infinito aos amigos queridos, que me fazem caminhar, e à minha família, pelo apoio incondicional de sempre. Às gargalhadas, manhas e manhãs do meu sobrinho, Francisco, que iluminaram os últimos dias de escrita. E à Marília: um pouquinho de saúde, um descanso na loucura.

Todo reconhecimento ao trabalho do Instituto Rosa e Sertão, Agência de Desenvolvimento Integrado e Sustentável do Vale do Rio Urucuia, Centro de Referência em Tecnologias Sociais do Sertão, Fundação Pró-Natureza,

Parque Nacional Grande Sertão Veredas, Parque Estadual Sagarana, Museu Casa Guimarães Rosa, Casa de Cultura do Sertão, Parque Estadual de Serra Nova, Parque Estadual Caminho dos Gerais, Instituto Estadual de Florestas, Projeto Manuelzão, Comitê de Bacias Hidrográficas do Rio das Velhas, Secretaria de Cultura de Lassance, Sindicato dos Trabalhadores Rurais de Lassance e Sindicato dos Trabalhadores Rurais de Porteirinha.

E ao apoio da Coordenação de Aperfeiçoamento de Pessoal de Nível Superior (CAPES), do Instituto de Geociências, da Universidade Federal de Minas Gerais (UFMG) e da Wageningen University (WUR).

Finalmente e avante, agradeço carinhosamente aos *Gerais*:

à vila de *Sagarana*: Virgílio, Andréa Alves, Seu Argemiro e Dona Petronília, Sarinha, Celenita, Seu Cassu, Sô Ruberto. À Maria do bar e ao bar da Maria. E aos parceiros de Arinos e do Vale do Rio Urucuia: Sandim, Idelbrando, Irene, Dionete, Gilvanete, Giliardi, Fabão, Dinei. À *Chapada Bonita* (ou Chapada Gaúcha): família Campos (além de Damiana, Diana, Daiana, agradeço ao Lucas, César Victor, Seo Manoel e Dona Vera Lucia). Às acolhidas de Cida. À voz e aos delírios de Elson Barbosa. Ao *Morro da Garça* e à cidade do Morro: Fátima Coelho, Dieter Heidemann, Pretinho, Dona Rosa. Ao *Ribeirão de Areia*: Ladyjane, Luzim e família, Nem e família. À *Cordisburgo*: Brasinha, Ronaldo Alves, Carla Maiza, Diegôncio, Fábio Barbosa. Aos Miguilins e aos parceiros da cidade: Beth Ziani, Dôra Guimarães, Elisa Almeida, Tiago Goulart. À *Montes Claros*: Luna Guimarães, Fernanda Xavier, João Batista de Almeida (Joba), Carlos Dayrel, Jacaré. À *Lassance*: Dona Nemzinha Prado, Walandir, Daniel, Igor, Eric, Hélio, Denílson, Eustáquio, Zé Maria, Milton. Ao Álvaro Canabrava, Hudson Canabrava e Kátia, d'Os Porcos. Ao *Paredão de Minas*: pela bela acolhida de Givaldo, Davina, Eunice, Paulo César e Géssika; à Cida e Eunice, da escola. À Wagna, João Amâncio, Adailton, Sidraque, Misaque, Delmira, Tião, Stezinha, Gilmara, Antônio, Geraldo, Walmir. À *Várzea da Palma*: Moizés, Elizeu Rodrigues. À *Barra do Guiacuí*: Zélia, Cássia, Wando. À *Itacambira:* Johnson, Dona Coló e Sr. Geraldo, Nêgo de Rôxa, Dona Nana, João de Deus, Dona Joana, Dona Branca, Lino e Emanuele. À Luiza e sua família que nos hospedou, com carinho e paciência. À *Porteirinha*: Nílton, Plínio, Klebiu, Oscarino e Dona Ana. À *Gameleiras*: Feliciano, Vanilson, Alessandre, Zaurindo Fernarndes. Ao Seo Joaquim e suas palavras de pedra.

*Tudo é teu, que enuncias. Toda forma
nasce uma vez e torna nitidamente a nascer. O pó das coisas
ainda é um nascer em que bailam mésons.
E a palavra, um ser
esquecido de quem o criou; flutua,
reparte-se em signos – Pedro, Minas Gerais, beneditino –
para incluir-se no semblante do mundo.
O nome é bem mais do que nome: o além-da-coisa,
coisa livre de coisa, circulando.
E a terra, palavra espacial, tatuada de sonhos,
cálculos.*

(Carlos Drummond de Andrade)

11 **CARTA DE APRESENTAÇÃO -** Bernardo Gontijo
15 **PREFÁCIO -** Clara Rowland

(OS CORPOS)

20 mutum
23 Abertura: pontes entre ficção, geografias e imaginário

34 DAR CORPO AO SUCEDER
37 Entradas Múltiplas: o sertão da linguagem no sertão do mundo
50 Caminho ao caminhar: a explosão da alteridade
59 Platô-Chapada
63 Cartografias de formiga: é preciso seguir os atores

76 CORPOS EM BAILE
79 Esses silêncios estão cheios de outras músicas
87 O sertão está movimentante todo-tempo

96 GERAIS DA PEDRA
99 Metalinguagem de campo
104 A vida também é para ser lida

124 GIRO DOS CORPOS
127 Giro dos recados
137 Recados do Giro
145 Giro dos equívocos
155 Giro Comovente

166 |: RITORNELO :|

177 Referências

(O BAILE)
33   Prelúdio
73   Interlúdio I
93   Interlúdio II
121 Interlúdio III
162 Interlúdio IV
166 Ritornelo

CARTA DE APRESENTAÇÃO

Não sei vocês, mas quando comecei a ler, em primeiríssima mão, várias das páginas que antecederam às que estão reproduzidas neste belíssimo livro, as lágrimas não paravam de correr de meus olhos. Cada novo parágrafo, uma emoção surpreendente, cada nova crônica uma sensação profunda, mistura de surpresa e maravilhamento. Eram os textos que compunham a parte principal da dissertação de mestrado do Gabriel, era o resultado de sua primeira imersão profunda no sertão mineiro, era o embrião de seu-tão Cerrado movimentante! Dali pra frente, as emoções se multiplicariam e culminariam numa defesa de dissertação que também me faria chorar!

Lágrimas no meio acadêmico não são muito comuns quando se referem a textos e trabalhos diferenciados. Gabriel me fizera chorar mais de uma vez durante os primeiros dois anos de nossa convivência enquanto professor orientador e aluno orientando. Nada mais distante da realidade do que estes dois termos – orientador/orientando – se aplicados a nossa parceria. Mais do que tudo, foi uma grande relação de cumplicidade e aprendizado mútuo que tive o privilégio de ter em pelo menos sete anos de UFMG. Nestes sete anos, um mestrado e um doutorado se consumaram e o resultado está aí, na forma desta bela publicação que ora se apresenta! Desnecessário dizer que a segunda (a "tese") foi um desdobramento da primeira (a "dissertação") – no espaço movimentante Roseano, giros de literatura e de afeto se desenrolaram e culminaram nessa grande sinfonia Barboseana.

Antes dele entrar para o mestrado da Geografia da UFMG, eu já conhecia o Gabriel na sala de aula. A disciplina era Turismo e Meio Ambiente, e ele sempre comparecia, compromisso e seriedade para com a proposta de ensino, atento e marcando presença. Quanto a mim, gostava das aulas, da turma toda e do fato de poder trabalhar temas tão queridos e, ao mesmo tempo, tão importantes – sempre buscava analisar as interfaces possíveis entre turismo e a questão ambiental e procurava escarafunchar, junto com os alunos, as implicações recíprocas entre ambos tomando sempre o caso concreto de algum lugar ou destinação turística.

Mas esta abordagem iria mudar e o culpado disso seria o Gabriel.

Voltei a cruzar seu caminho quando ele me convidou para fazer parte da banca de avaliação de seu trabalho de conclusão de curso. Um trabalho excelente, sobre Guimarães Rosa enquanto viajor, primeira vez que tomei conhecimento de seu fascínio sobre o universo Roseano. Aprendi mais do que avaliei e percebi que ainda teria muito assunto pela frente. A pós-graduação que aguardasse!

Já no mestrado, em meio a um de seus vários momentos de impasse, insegurança e medo, percebi que, para além das leituras, estava na hora de se lançar, de peito e coração abertos, no mistério profundo do sertão mineiro.

Você tem que ir pro sertão! Só lá é que você irá encontrar o fio da meada desta sua pesquisa.

Não seria uma viagem qualquer. Seria a viagem que definiria não só o devir se sua dissertação, mas que seria o marco inicial de uma longa jornada, ainda em curso, mas que tem rendido belíssimos frutos como este livro irá revelar!

Dentre estes frutos, colhi a própria releitura de minhas abordagens nas aulas de Turismo e Meio Ambiente. O foco agora é a valorização de Cerrado, de Sua vegetação, de Sua gente, de Sua cultura, de Sua alma enfim! Ninguém melhor do que Guimarães Rosa para nos servir de cicerone.

Depois da primeira imersão sertaneja de Gabriel, descobrimos um manancial infindável de destinos, lugares, caminhos, recantos, pessoas, rotas. Junto com Gabriel e os alunos da disciplina fizemos releituras de Cordisburgo e Maquiné, conversamos com o Brasinha e o Pretinho, vimos o sol nascer no alto do Morro da Garça, atravessamos a Serra de Grão Mogol para descobrir a pia batismal de Diadorim em Itacambira, atravessamos o Rio São Francisco em São Romão e o Urucuia numa pequena balsa puxada a mão, nadamos no Urucuia antes de chegar a Sagarana, participamos da primeira versão do Cine Baru, visitamos "Os Porcos", em Lassance, e depois dormimos na beira do Velhas, visitamos o Benjamim Guimarães em Pirapora e atravessamos, de novo, o São Francisco pela ponte Marechal Hermes, descobrimos, enfim Buritizeiro e Paredão de Minas e mergulhamos no Rio do Sono.

Com Gabriel percorri também o magnífico Caminho de Sertão, os 178 quilômetros a pé entre Sagarana e o Parque Nacional Grande Sertão Veredas, passando por Morrinhos, atravessando o Urucuia a nado, sendo recebidos por Dona Geralda e dormindo na Fazenda Menino, atravessando as Veredas do Acari sob o marulhar dos buritis, subindo e descendo a

Serra das Araras, atravessando o Vão dos Buracos e subindo a Chapada Gaúcha. Uma experiência única que o Gabriel me proporcionou de tanto que insistia comigo para fazê-la, desde a primeira vez que ele havia descoberto essa proposta eco-turístico-literária no seu nascedouro.

Todas essas experiências, e muitas outras que só o Gabriel vivenciou, fizeram parte dos giros movimentantes deste livro. Convido você agora para bailar e se emocionar como eu me emocionei. O Cerradosertão precisa dessa emoção para seguir resistindo – se Rosa foi a grande inspiração inicial, Gabriel é agora um de seus principais tradutores. Traduz para a Geografia e para a Arte este mistério profundo, inquieto e afetuoso que permeia nosso Cerrado.

Recompensa maior para um professor, dissertação e tese que se metamorfoseiam em livro, aluno que se transforma em amigo e cúmplice, agradeço, movimentantemente, em meu nome e em nome do Cerrado. E convido a todos a se emocionarem em meio aos giros literários e afetos emanados por essa obra!

Bernardo Machado Gontijo
Belo Horizonte, julho de 2019

PREFÁCIO

A DANÇA NO DANÇADOR

1.

Na abertura de "O Recado do Morro", de João Guimarães Rosa, lemos:

> Sem que bem se saiba, conseguiu-se rastrear pelo avesso um caso de vida e de morte, extraordinariamente comum, que se armou com o enxadeiro Pedro Orósio (também acudindo por Pedrão Chābergo ou Pê-Boi, de alcunha), e teve aparente princípio e fim, num julho-agosto, nos fundos do município onde ele residia; em sua raia noroestã, para dizer com rigor.
>
> Desde ali, o ocre da estrada, como de costume, é um S, que começa grande frase.

Na sua estranha impessoalidade ("se saiba", "conseguiu-se"), este início começa por descrever o conto como releitura, pelo avesso, de um percurso já concluído, e com "aparente princípio e fim". E insiste, "com rigor", na posição geográfica do caso de Pedro Orósio – a raia nordesteã do município onde mora o enxadeiro. Mas tal como a delimitação da narrativa em princípio e fim é apenas "aparente", também a cartografia que o conto apresenta deslizará rapidamente para uma descrição que desarticula, em curto-circuito, a referencialidade geográfica que acabou de ser sugerida: "Desde ali, o ocre da estrada, como de costume, é um S, que começa grande frase". Escrita e mundo confundem-se, a legibilidade da paisagem é figurada através de uma metaforização textual e, sobretudo, o S em que a estrada serpenteante se transforma, aos olhos do leitor, é também o S que abre a "grande frase" do primeiro parágrafo do conto: "Sem que bem se saiba". Assim, o leitor é projectado, num movimento de travagem retrospectiva, para a consciência gráfica desta página da abertura e do conto que começa a ler, sendo levado, ao fim de poucas linhas, já a reler. A relação entre mundo e texto, entre natureza e escrita, é, ao mesmo tempo, sugerida e encenada no movimento da leitura a que obriga o leitor. Se, como diz Guimarães Rosa em *Tutaméia*, e como repete muitas vezes este livro, "a vida também é para ser lida", essa relação nunca se dá num só sentido, e alimenta-se de complexas sobreposições que fazem a passagem entre o mundo como texto e o texto como mundo.

2.

Noutro momento da mesma novela, essa relação dinâmica (no fundo o centro deste texto sobre "recados", como bem viu José Miguel Wisnik) é posta em causa através de uma personagem marginal. Elo central da cadeia de sete mensageiros que irão formar, passo a passo, a canção-profecia final, o Guegue é uma espécie de bobo da fazenda, ou de ajudante no sentido que Benjamin deu aos ajudantes de Kafka, que transporta bilhetes. Numa novela sobre a transmissão de um "recado", é significativo que a personagem central nessa sequência de mensageiros seja um "recadeiro". Como o Mittler das *Afinidades Electivas*, o Guegue está destinado a ser a personagem do meio, que se esforça por mediar, quando na verdade provocará o desencontro e o desvio. Além disso, porém, "rico de seus movimentos sem-centro", este mensageiro introduz na articulação de um conto centrado sobre um recado oral (e distorcido pela oralidade) uma representação do texto e, como veremos, uma alegoria da leitura. Veja-se a descrição que é feita da actividade do Guegue recadeiro:

> Principalmente, ele era portador de bilhetes, da mãe ou da filha, rabiscados a lápis em quartos de folha de papel. Mais pois, ele apreciava tanto aquela viajinha, que, de algum tempo, os bilhetes depois de lidos tinham de ser destruídos logo; porque, se não lhe confiavam outros, o Guegue apanhava mesmo um daqueles, já bem velhos, e ia levando, o que produzia confusão. A outros lugares, o Guegue nem sempre sabia ir. Errava o caminho sem erro, e se desnorteava devagar. Levavam-no a qualquer parte, e recomendavam-lhe que marcasse atenção, então ele ia olhando os entressinados, forcejando por guardar de cór: onde tinha aquele burro pastando, mais adiante três montes de bosta de vaca, um anú-branco chorró-chorró-cantando num ramo de cambarba, uma galinha ciscando com a sua roda de pintinhos. Mas, quando retornava, dias depois, se perdia, xingava a mãe de todo o mundo – porque não achava mais burrinho pastador, nem trampa, nem pássaro, nem galinha e pintos. O Guegue era um homem sério, racional.

Poucas personagens de Rosa representam de forma tão explícita a figura do "mundo movente" que a crítica se habituou a considerar. O trajecto do Guegue não é certo, em primeiro lugar porque a noção de referência do mensageiro é incompatível com qualquer mapa. Tomando como pontos fixos elementos transitórios da natureza, o Guegue contrapõe um mapa móvel e vivo à fixação cartográfica, tornando impossível qualquer repetição estabilizadora. Além disso, o seu trajecto tem o seu fim em si próprio, no prazer da "viajinha" entre dois pontos fixos, sujeitando-a à repetição permanente que desloca os elementos no quadro do conhecido, abrindo, por efeito do trajecto perturbado, o mesmo texto a uma variação incontrolável. O resultado é, evidentemente, o da perturbação da função comunicativa – cartas que chegam fora de tempo, gerando confusão, ou cartas que não são entregues porque o mensageiro introduz o erro e a errância no trajecto, chamando a atenção para a sua essencial instabilidade, e dando corpo, de forma muito explícita, a uma sugestão que encontramos nas anotações de Rosa – a da possibilidade de um "texto em que nenhuma palavra morre".

3.

Gostaria de sugerir que este livro de Gabriel de Oliveira habita um intervalo entre os dois movimentos que descrevi a partir de "O Recado do Morro", instalando a sua reflexão numa juntura particularmente significativa para que se possa pensar o efeito e a ressonância da obra de Guimarães Rosa. Por um lado, *Giro dos Afetos: a literatura rosiana no meio do redemoinho* abraça com paixão analítica a geografia movediça e escorregadia da obra de Rosa, que lhe serve de ponto de partida para interrogar a relação dinâmica entre paisagem e texto, e o modo como, nas suas palavras, "o espaço se transforma em literatura" do mesmo modo como a literatura transforma o espaço, fundindo legibilidade e observação geográfica, interpretação e análise do campo ou território. O "S" que "começa grande frase" é, neste livro, o caminho da literatura e o caminho da geografia, a partir do qual é possível explorar as ressonâncias de Rosa, e dos seus múltiplos recados, nas muitas camadas de um território que vem, para o leitor, antes e depois do livro. Tal como "O Recado do Morro" constrói um recado que emana das entranhas da terra e que viaja de boca em boca para mergulhar fundo, no final, na paisagem mítica dos Gerais ("pulando de estrela em estrela, até aos seus Gerais"), também a relação dinâmica que Gabriel de Oliveira constrói vai do rastreamento (pelo avesso) dos Gerais na obra de Rosa à leitura dos ecos produtivos de Rosa num território que a literatura, de algum modo, reconfigurou, como aqui se demonstra através da discussão de uma rede de actores que, através de projectos, circuitos e caminhos, noutras formas artísticas ou noutros modos de acção, retraduzem Rosa. O rigor da leitura que este livro propõe assenta por inteiro no cuidado com que mantém a natureza complexa dessa interacção, não permitindo em momento algum que a transformação do espaço em literatura ou a transformação da literatura em espaço funcionem de modo imediato, ou numa só direcção. É nesse sentido que a tradução, em toda a sua complexidade dinâmica, é uma das figuras centrais desta leitura.

Por outro lado, é nas figuras do movimento (o bailarino e o andarilho) que *Giro dos Afetos* encontra a sua política. A figura do Guegue, que expõe aos acidentes do trajecto e ao movimento incessante e zeloso do seu corpo as cartas que lhe confiam, pode por isso oferecer uma imagem precisa do percurso que aqui se apresenta. A partir da ideia de que se deve "colocar o corpo do investigador em movimento", a partir da qual se constrói o belo desenho do livro de Gabriel de Oliveira, é o texto rosiano que regressa ao "ocre da estrada" para ser profundamente reconfigurado pela experiência de campo, de pesquisa e recriação dinâmica. Das muitas formas de tradução da experiência de leitura é que nos fala este livro, afinal ele próprio objecto múltiplo e compósito, verdadeira *resposta* à obra de Rosa. Numa entrevista com Fernando Camacho, Rosa discute a dificuldade dos seus tradutores em entenderem uma frase sua: "o que tu não repartes, tu tens?". A Camacho, Rosa explicará a frase dizendo que "só se pode ter uma coisa realmente quando se reparte". *Giro dos Afetos*, acredito, pode ser também entendido como um trabalho de partilha, reconquistando a leitura de Rosa repartida por formas e linguagens diversas e pelas suas muitas reverberações no "presente do sertão".

Clara Rowland
Lisboa, outubro de 2019

mutum

*De preto, em alegria, no mato, o mutúm
dansa de baile*

ABERTURA: PONTES ENTRE FICÇÃO, GEOGRAFIAS E IMAGINÁRIO

Mutum é um lugar, muito depois da Vereda-do-Frango-d'Água e de outras veredas sem nome e pouco conhecidas, num ponto remoto dos *Gerais*. De lá, do meio dos campos e fazendas, escuto a partitura imaginária do Cerrado, os sons madrugais nos brejos e baixões – do monjolo que range em par de minutos e se mistura ao socó e aos sapos do brejo – e, na sequência, as melodias do amanhecer – o sacudir do gado inquieto com a manhã, a sinfonia dos pássaros, os cachorros alegres no latir. Entre as páginas de um livro, entre trechos de matas de terra preta, lá está o pé-de-serra, o mundo do Mutum: ao mesmo tempo *distante de qualquer parte* e, desde sempre, *dentro da gente*.

Surpreendentemente, foi através da tela de uma extinta sala de cinema em Belo Horizonte que o mundo do menino Miguilim irrompeu diante de meus olhos, ainda bem longe das planuras das chapadas e fundos de vales do sertão. O encantamento imediato desencadeado pelo longa-metragem "Mutum", codirigido pela cineasta e videoartista Sandra Kougout e pela roteirista Ana Luiza Costa Martins, evocava naquele instante a memória da infância para onde a paisagem cinematográfica remetia os espectadores do filme, um mundo de medos, de vislumbres, descobertas e alegrias, sob o olhar míope e profundo de um menino. Crianças correndo no campo, o pensamento misterioso dos minúsculos animais, formigas, tatus, um passeio na floresta. Uma imersão que se dava do breu da sala de cinema direto para outro espaço-tempo, transpassando a tela para o ambiente multicolor e biodiverso do Cerrado. E o que se apresentava para mim, de fato, eram as perguntas sem respostas de Miguilim:

... *mas, por que é, então, para que é, que acontece tudo?*[1]

Desse ponto em diante, percebi que o Mutum não era apenas um lugar circunscrito, mas, sim, abrangente: o mundo. Externo, interno, coletivo, íntimo. Real? Fictício? Imaginário? Dias depois me vi inquieto a procurar o livro do qual o filme havia sido adaptado: "Campo Geral", do cordisburguense João Guimarães Rosa. Já com o exemplar em mãos, foi como se tivesse colocado os óculos de Miguilim para ver mais profundamente

---

1 ROSA. *Corpo de Baile*, p. 132.

a diversidade do sertão, suas cores, sentir seus paladares, aromas. Ali já podia pisar mais firme no chão sertanejo, conhecer aqueles personagens de perto, o pequeno Dito parecia mesmo o irmãozinho sábio e ladino, Terêz, o tio leal, sem juízo, a cadelinha Pingo-de-Ouro, e tantos outros.

E "Campo Geral" veio junto com as outras estórias que compõem o Corpo de Baile[2] com suas sete novelas que, a partir dali, passaram a compor minha estante em dois robustos volumes, ambos de capa rubro-amarronzada e de textura marcante: nos traços de Poty[3], os bois se espalhavam no campo; o vaqueiro vaquejava na lida com os animais; os contramorros contracenavam em composição; e, ao fundo, postava-se o majestoso buriti – "a palmeira de Deus"[4].

Os dois atos – *assistir ao filme*; e depois, *ler o livro* – conduziam-me para a travessia rumo à terceira margem de um rio imaginativo e caudaloso, cujas águas correram para a produção de uma tese de doutorado pelo Programa de Pós-Graduação em Geografia da UFMG[5] e que, agora, deságuam neste livro.

Pelos caminhos da arte, seja fílmica ou literária, cheguei ao reconhecimento de uma *geograficidade* em sua natureza ontológica em um primeiro momento, para mais adiante adentrar o caminho do debate crítico empenhado pela geografia e seus jogos de tradução do espaço, os métodos, os compromissos teóricos.

Se não há nada mais terrível do que "uma literatura de papel", como o próprio Rosa ressaltou em uma de suas entrevistas – "*literatura deve ser vida*"[6] – quando adentramos o caminho múltiplo do discurso geográfico, não há nada mais frio e sem sentido do que pensar o espaço – ou a

---

2   Edição comemorativa de 50 anos do lançamento do livro (1956-2006), que recupera a edição original e o caráter da totalidade da obra e das profundas conexões entre as estórias.

3   Principal ilustrador das obras de Rosa.

4   ROSA. *Corpo de Baile*, p. 258.

5   Tese defendida em setembro de 2018, no Programa de Pós-Graduação em Geografia da Universidade Federal de Minas Gerais (UFMG). O trabalho foi orientado pelo professor Bernardo Machado Gontijo e contou como avaliadores da banca Gustavo Meyer (UFVJM), Mariana Ruggieri (UNICAMP), Adriana Melo (LABMUNDO/UFBA) e Renata Marquez (UFMG).

6   "Legítima *literatura deve ser vida*. Não há nada mais terrível que uma literatura de papel, pois acredito que a literatura só pode nascer da vida que ela tem de ser a voz daquilo que eu chamo 'compromisso do coração'". ROSA. Diálogo com Günter Lorenz, *grifos nossos*.

própria geografia – sem a vida, sem a sociedade e suas tramas. Conforme também nos adverte Milton Santos: "é a sociedade, isto é, o homem, que anima as formas espaciais, atribuindo-lhes um conteúdo, uma vida"[7].

Por isso, podemos dizer que a escrita deste livro se dá em grande medida por uma "rotação de perspectiva", uma virada pessoal de "ponto de vista" (para nos lembrarmos do trabalho de Eduardo Viveiros de Castro) ou ainda uma mudança de "quadro de referência" (uma provocação de Bruno Latour) – quando a literatura trocou as vestes do *texto rosiano* por uma percepção da *dinâmica socioespacial* do sertão mineiro, com as roupagens do cotidiano que se espalha entre buritis sufocados pela modernização, ou por beiras de veredas ainda repletas de vida, entre discursos diversos e suas complexidades, elementos, personagens, dinâmicas territoriais. O espaço enquanto produto de inter-relações, de vivências, da multiplicidade[8] – *a geografia também deve ser vida!*

Seguindo os parâmetros de uma geografia *movimentante*, o sertão vivido na contemporaneidade se apresentou nas páginas deste livro como um grande portal de abertura entre a literatura e o conhecimento socioespacial do *lugar-sertão*: a partir das nuances cotidianas das conversas de varandas, nos olhares e palavras em cima da carroceria, no fluxo certeiro do rio, no azulado da vereda com seus cantos de aves, no giro da folia, no pouso repentino do carcará ou na melancolia acinzentada da cidade que entranha cada vez mais nos *Gerais*.

Assim, Mutum, além de ser esse "lugar-mundo" que se abre ao mesmo tempo para as miudezas de olhar detalhista de Miguilim e para o brilho metafísico das estrelas, também incorpora em seu vocábulo a singularidade de um palíndromo – palavra que se pode ler em qualquer direção, da esquerda para a direita ou vice-versa. A definição grega – *palíndromos, os, on* – indica justamente aquilo que "corre em sentido inverso, que volta sobre seus passos"[9]. A ideia de circularidade, de voltar sobre os mesmos passos para enxergar novos mundos, construía para mim uma ponte de livre acesso entre ficção e realidade, entre a tela de *cinema* e as páginas de um *livro*, para enfim alcançar os amplos contornos do *mundo* – *m* ↔ *u* ↔ *t* ↔ *u* ↔ *m*.

---

7 SANTOS. *A natureza do espaço*: técnica e tempo, razão e emoção, p. 109.

8 MASSEY. *Pelo espaço*: uma nova política da espacialidade.

9 Fato observado por COSTA. Miguilim no cinema: da novela "Campo Geral" ao filme "Mutum", p. 31.

No caso aqui apresentado, atravessar a ponte de volta é como lançar-se da ficção rosiana em direção ao sertão mineiro e suas *geografias* – incorporando ao olhar minucioso e detalhista de Miguilim uma outra visão, de alto alcance, o voo do pássaro, a espacialidade em movimento. Para adentrar na gama de mundos do Cerrado em sua diversidade sociocultural e ambiental, torna-se necessário ajustar as lentes e as escalas de aproximação e distanciamento, como um zoom – ora tomado por lentes de alto alcance, ora por lupas microscópicas; por olhares focados ou míopes. E, assim, também saltar do imaginário do mapa para o cotidiano das nuances sertanejas.

O grande desafio proposto neste trabalho é o de "correr no sentido inverso" para alimentar a relação entre espaço e literatura, não apenas operada em uma composição unilateral (espaço-literatura), mas em um verdadeiro processo interacional (espaço-literatura-espaço...), o que implica que o espaço se transforma em literatura, que, por sua vez, pode caminhar inversamente para transformá-lo e contaminá-lo em novas metamorfoses e experiências.

Rosa abriu a paisagem (e as borboletas saíram) ...

Os primeiros trabalhos de campo preparados, em 2008, ainda durante a graduação, me conduziram para o município de Cordisburgo, terra natal de Rosa, localizado a apenas 130 km da capital de Minas. Por lá dava os primeiros passos no universo rosiano em termos espaciais, o que colocou um ponto primordial nessa travessia na medida em que o livro abandonava sua condição de suporte artístico, para incorporar uma faceta ainda mais instigante para o olhar geográfico: a de produtor de espaços, conceptualizador de dinâmicas socioespaciais, estimulador de uma reescrita espacial em edição contínua na geografia do sertão mineiro.

E assim também iniciava a compreender a tênue fronteira entre o sertão ficcional de Rosa e o sertão composto em seu cotidiano, em Minas Gerais. O *Sertão* a partir de então já podia ser considerado mesmo o *Mundo*[10], tanto nas minhas travessias pessoais, como no impulso embrionário de minha reflexão particular para os dilemas epistemológicos da ciência geográfica.

Ainda durante aquele período iniciei o contato com o leque infindável sobre a fortuna crítica rosiana, não apenas nos estudos literários e linguísticos, como também em outras áreas do conhecimento, como psica-

---

10 "O sertão é do tamanho do mundo". ROSA, *Grande Sertão: veredas*, p. 90.

nálise, geografia, história, artes plásticas. O trabalho pioneiro de Antonio Candido, em 1957, apenas um ano depois do lançamento da obra prima de Guimarães, *Grande Sertão: Veredas*, já advertia sobre o amplo feixe de leituras acerca da riqueza de elementos presentes na literatura do autor, em que o sertão – o cotidiano de sua gente e de um modo específico ligado à pecuária extensiva e do homem com o meio natural – é visto como "plataforma" utilizada para alcançar uma perspectiva universal, transcendente à realidade regional[11].

O potencial imaginário de Rosa na linguagem, na composição, no enredo e na psicologia, segundo tal análise crítica, pressupõe uma coexistência entre o real e o fantástico na construção do universo fictício do *Grande Sertão*, em que história e mito estão amalgamados para multiplicar as maneiras de compor a obra literária.

Desde o início dessas descobertas, mas principalmente durante as investidas metodológicas da dissertação de Mestrado, entre 2011 e 2013[12], o impulso para ir além da obra me convidava – como um anúncio de um caminho sem volta – a continuar a travessia pelo mundo sensível do trabalho de campo, da deriva, da observação participante, do método *in vivo*[13]. Transpor o ambiente artístico de Rosa para fora de suas molduras, a fim de alcançar um pretenso ambiente geográfico relacional, significava iniciar uma discussão profícua sobre "ficção" e "realidade"; sobre arte e configuração territorial; e sobre a produção de conhecimento (científico, artístico, sabedoria popular) e seu vínculo com o mundo.

"Rosa abriu a paisagem e as borboletas saíram"[14]

Durante a elaboração daquela pesquisa, além da procura por uma percepção literária das nuances socioespaciais intercaladas entre os livros do autor[15], o intuito também se projetou para fora de suas molduras, a

---

11   "Na extraordinária obra-prima 'Grande Sertão: Veredas' há de tudo para quem souber ler, e nela tudo é forte, belo, impecavelmente realizado. Cada um poderá abordá-la a seu gosto, conforme o seu ofício; mas em cada aspecto aparecerá o traço fundamental do autor: a absoluta confiança na liberdade de inventar". CANDIDO. O homem dos avessos, p. 121.

12   BARBOSA. *Ser-tão Cerrado de Guimarães Rosa*: espaço movimentante.

13   MORIN. *Sociologie*.

14   BARROS. Revista Cultural, p. 11.

15   Apesar de evidenciar um "continuum espacial" em todas as narrativas de Guimarães Rosa, existem nuances socioespaciais importantes a serem consideradas. Na dissertação foram detectados três momentos ficcionais e alegóricos deste espaço movimentante: a)

fim de compreender como os novos hábitos e padrões de vida absorvidos pelo sertão mineiro nas últimas décadas induziam a um rápido processo de transformações dos *Gerais*. As "mudanças nas matrizes de racionalidades"[16] levadas pela modernização para o ambiente artístico de Rosa, já subsequentes à morte do autor, em 1967, induziam profundas modificações na dinâmica dos recursos naturais e no sistema de uso da terra no Cerrado. Rapidamente consolidava-se a substituição de um tipo de ocupação tradicional (especialização ao pastoreio e comunidades camponesas) por uma paisagem tecnicista e industrial.

Na ocasião, durante a principal investida de campo do período de Mestrado podíamos observar, além do contínuo processo de transformações socioambientais, uma interessante interação entre espaço e literatura. Na cidade natal do escritor eram desenvolvidos trabalhos educacionais com o Grupo de Contadores de Estórias Miguilim que 'transformavam a cidade'[17], enquanto Caminhadas Ecoliterárias eram conduzidas em torno do município; em Morro da Garça, além da lenta e pretérita ação geológica no Morrão (enquadrando-o como uma imponente forma residual dentro grande área deprimida da bacia do rio São Francisco), atividades culturais se expandiam no território, a partir dos novos recados desde a chegada precursora da cineasta Marily Bezerra, do geógrafo Dieter Heidemann e de outros interlocutores que estabeleciam importantes parcerias com lideranças locais[18]; Andrequicé, terra por onde viveu o vaqueiro Manuelzão, por sua vez, era uma espécie de oásis rosiano, uma vereda de "outros sentimentos", em meio a uma racionalidade sufocante dos eucaliptais que a rodeia.

Em outro contexto regional, já na divisa de Minas com a Bahia e Goiás, novas complexidades eram anunciadas: um distrito de nome sugestivo – Sagarana – incorporava uma série de iniciativas locais em torno da obra de Guimarães Rosa, trabalhando tecnologias sociais, construções identitárias, agroecologia, cultura popular; e a pouco mais de 160 km ao norte da vila, um campo efervescente culturalmente também já fincava

---

o sistema jagunço de *Grande Sertão: veredas*; b) os Gerais em movimento de *Corpo de Baile*; c) e o mundo maquinal de *Primeiras Estórias*.

16 PORTO. As Minas e os Gerais – Breve ensaio sobre desenvolvimento e sustentabilidade a partir da Geografia do Norte de Minas.

17 Segundo depoimento de um informante local.

18 Cf.: BEZERRA; HEIDEMANN. Viajar pelo sertão roseano é antes de tudo uma descoberta.

raízes, nas bordas de uma das mais extensas áreas de conservação do Cerrado no país, também de alcunha curiosa – Parque Nacional Grande Sertão Veredas, no município de Chapada Gaúcha.

A composição desses traços socioculturais em resiliência era permeada por resquícios de um sertão relativamente preservado ambientalmente e efervescente culturalmente (principalmente em áreas do norte/noroeste mineiro) nos entremeios dos chapadões, tabuleiros e seus vales densos de vida, nos pés-de-serra, entrecortados por veredas e saberes. Tal resistência socioambiental – termo utilizado no contexto da pesquisa – era muitas vezes mobilizada pela força do substrato literário da obra rosiana, ativada e impulsionada por atores sociais e projetos locais como referência catalisadora para um discurso inovador de desenvolvimento, baseado em perspectivas de intervenções e mudança social[19]. Na ocasião da feitura da dissertação, vimos que *a cidade* – como símbolo da modernização – transforma e impõe certas mudanças na sociedade e no meio ambiente, porém, *não acaba com o sertão*[20], ou seja, não elimina os traços socioculturais em ampla escala.

O aprofundamento dessas questões agora ganha corpo neste livro, no qual propomos um complexo jogo de interações. Um jogo de traduções múltiplas do espaço. Traduções que envolvem o *espaço geográfico*, o lugar-sertão em sua complexidade ambiental e cultural – espaço afetivo, vivenciado e pesquisado por Guimarães Rosa – e o *espaço ficcional*, de obras consagradas como *Grande Sertão: veredas* e *Corpo de Baile*, cuja importância ajudou a imortalizar a categoria polissêmica do "sertão"[21].

---

[19] Alguns dos projetos, iniciativas e eventos já foram mapeados durante minhas pesquisas de mestrado e doutorado, e serão expostos no decorrer deste livro. Podemos indicá-los a seguir, a partir dos trabalhos anteriores: i) *Cordisburgo*: Museu Casa Guimarães Rosa, Grupo de Contadores de Estórias Miguilim, Grupo Caminhos do Sertão, Semana Roseana; ii) *Morro da Garça*: Casa de Cultura do Sertão, Contadores de Estórias de Morro da Garça, Semana de Arte e Cultura; iii) *Andrequicé*: Memorial Manuelzão, Festa de Manuelzão; iv: *Chapada Gaúcha*: Parque Nacional Grande Sertão Veredas, Instituto Ambiental e Cultural Rosa e Sertão, Encontro dos Povos do Grande Sertão Veredas; v) *Sagarana*: Estação Ecológica Sagarana, CRESERTÃO (Centro de Tecnologias Sociais do Sertão), Festival Sagarana: Feito Rosa para o Sertão, Agência de Desenvolvimento Integrado e Sustentável do Vale do Rio Urucuia; dentre outros.

[20] Em dado momento em Grande Sertão: veredas, Riobaldo diz que "*A cidade acaba com o sertão*". Contudo, logo após afirmação, ele se questiona: *Acaba?*. ROSA. *Grande Sertão*: veredas, p. 183.

[21] Sobre a multiplicidade de significações da categoria *sertão*, ver: MELO. *Sertões do mundo, uma epistemologia*.

Contudo, a fim de complementar os atravessamentos entre a "realidade" geográfica sertaneja e a "ficção" rosiana, o caminho reverso do jogo se revela aqui como o grande mote para a configuração deste trabalho. Ou seja, como se transpõem e se traduzem os discursos do *espaço ficcional* de Guimarães Rosa (já com grande influência regional e nacional) para o *espaço geográfico* do sertão mineiro na contemporaneidade – já intensamente transformado do ponto de vista socioambiental e cultural nas décadas seguintes às publicações de Rosa? E qual o "efeito", o resultado dessa interação? Nesse sentido, como a *obra* e o *espaço* se transformam mutuamente? Qual a relação que se dá entre o *texto* rosiano e seu *contexto*, considerando o sertão apresentado por Rosa na primeira metade do início do século XX e o sertão do século XXI, em sua dinâmica socioespacial?

– *"Mas, então, para uma safra razoável de bizarrices, reconselho de o senhor entestar viagem mais dilatada"*[22]

Transpor o espaço do livro por "uma viagem mais dilatada" é "dar corpo ao suceder" e ir ao encontro de "matérias vertentes"[23] – é colocar o corpo do pesquisador em movimento, em experiência sensorial com o sertão rosiano contemporâneo, para absorver as sabedorias das pessoas e suas angústias, acompanhar seus processos criativos e lúdicos, perceber a vida que anima o espaço geográfico. Como imaginar a reescrita da literatura rosiana no momento crítico em que vivemos quanto aos limites do processo de modernização no sertão mineiro e no Cerrado, de uma forma geral?

Apesar da enorme disparidade entre as abordagens possíveis para perceber essa nova escritura imaginada, o paraíso prometido pelo progresso e modernidade racionalista aparece um tanto quanto borrado nas paisagens do Cerrado. Que relações ecológicas e sociais se estabelecem quando nos perdemos infinitamente em meio aos desertos verdes dos eucaliptais? Onde estão as veredas, para onde vão suas águas? Qual seria o novo recado do Morro da Garça – acidente geográfico no ponto geodésico de Minas Gerais e no coração do Cerrado – circundado de modernizações? E os olhos verdes do Rio Urucuia, os olhos de Diadorim[24] enxergando perplexamente os pivôs centrais no alto das chapadas como que já sugando as suas lágrimas do lençol d´água subterrâneo?

---

22 ROSA. *Grande Sertão*: veredas, p. 42.

23 ROSA. *Grande Sertão*: veredas, p. 116.

24 Gustavo Meyer já havia salientado em sua tese que "acabar com o Urucuia seria o mesmo que cegar Diadorim, que rasgar o coração de Riobaldo, que velar Guimarães e o 'sertão', ou o cerrado que o inspirou". MEYER. *O campo artístico-cultural em terras de Guimarães*: uma entrada para o desenvolvimento, p. 213.

– *"O senhor vá lá, verá. Os lugares estão sempre aí em si para, para confirmar"*[25]

Como veremos nos próximos capítulos, no caso do sertão mineiro, o lugar-sertão fia-se também a partir de uma "rede rosiana" com atuação diversa no território (ambiental, cultural, social, política, educacional, emancipatória) cujo discurso recria o espaço conjuntamente com a própria literatura de Rosa – projetada em imagens que iluminam a realidade geográfica. São algumas das formas de "partilha do sensível", "formas que definem como obras ou performances 'fazem política', quaisquer que sejam as intenções que as regem", no conceito elaborado por Jacques Rancière[26]. O sertão ficcional de Rosa, minucioso e profundo esteticamente, nos joga para além de seus limites, por uma plurivalência de significados. Os enunciados literários do *grande sertão da linguagem* em interação contínua com o *sertão do mundo* "ganham corpo" e circulam pelo território mineiro: "desenham comunidades aleatórias que contribuem para a formação de coletivos de enunciação que repõem em questão a distribuição dos papeis, dos territórios e das linguagens"[27].

A partilha do sensível no sertão *compartilha* um "mundo muito misturado" entre geografias, ficção e imaginário, onde a literatura, além de ser um dos elementos semantizadores do território, ainda pode oferecer um efeito desestabilizador da "moeda corrente"[28] da modernização no Cerrado. O discurso emanado por uma "rede" – que será descrita adiante – transmite uma linguagem que não fala *de* Guimarães Rosa, mas *com* Guimarães Rosa. E, com isso, faz também o *sertão falar. Os Gerais também falam.* Os *outros* falam: vozes normalmente desqualificadas comprimidas e reprimidas por uma lógica da "não-existência"[29], que "desperdiça as experiências sociais", inclusive no que se refere a suas "ecologias de saberes", intrinsicamente fundadas em bases locais e exaustivamente trabalhadas por Guimarães Rosa em seu projeto artístico.

Por isso, falar *rosianamente* no sertão contemporâneo marca um exercício de alteridade que "libera as línguas aprisionadas na língua, dando voz aos

---

25   ROSA. *Grande sertão*: veredas, p. 43.

26   RANCIERE. *A partilha do sensível*, p. 12.

27   Ibidem, p. 59.

28   HANSEN. Forma, indeterminação e funcionalidade das imagens de Guimarães Rosa, p. 29.

29   SANTOS. Para uma sociologia das ausências e uma sociologia das emergências.

que não tem voz", como no pensamento do crítico João Adolfo Hansen a respeito da obra de Rosa. Segundo Hansen, o escritor, ao "reescrever a língua", "dá voz ao que ainda não fala", como na enunciação de *Grande Sertão: Veredas,* onde Riobaldo produz uma "festa das linguagens" que "encontra seu contraponto e ritmo no mato, *neste* sertão louco e torto"[30].

Nas experiências no sertão mineiro, *falar rosianamente* assume também um posicionamento para desestabilizar o *status quo* da linguagem desenvolvimentista, para subverter e contorcer o léxico instrumental das monoculturas de pensamento – a "língua degradada da comunicação da sociedade industrial" da qual Rosa se recusava a escrever[31] – do agronegócio, das commodities, do business, da modernização conservadora que derruba materialmente e simbolicamente o Cerrado. Outros dizeres podem explodir e já explodem em "festa das linguagens" na contemporaneidade dos *Gerais,* da própria sinfonia do Cerrado e do seu povo. Discursos enquanto "sistemas de conhecimento"[32], onde o sertão é mundo de (outros) saberes, racionalidades, narrativas, presenças, possibilidades, existências, solidariedades, vozes, sujeitos, experiências, mundos.

O "canto e plumagem das palavras"[33] imanta o sertão de outros enunciados: amor, vereda, travessia, coração, manoelzinho-da-crôa, afeto, solidariedade, sabedoria popular, vereda, belimbeleza, Diadorim... A partir de uma *rede rosiana* pode-se recriar o espaço para reverberar e amplificar ainda mais as vozes do sertão, assim como escutamos em Rosa a musicalidade do Cerrado, o morro que passa recados, os bois que conversam, os causos das sagas de um jagunço protagonista, o aboio dos vaqueiros, o delírio dos malucos e, inclusive, os reflexos do ponto de vista da criança – a infância do olhar em Miguilim – que, apesar de "imperfeita" e míope, enxerga além da visão utilitarista do mundo[34].

– *"O senhor vá. Alguma coisa, ainda encontra"*[35]

***

---

30 HANSEN. A imaginação do paradoxo, p. 107.

31 HANSEN. Forma literária e crítica da lógica racionalista em Guimarães Rosa, p. 128.

32 FOUCAULT. *A arqueologia do saber.*

33 ROSA. *Sagarana.*

34 SOARES. Um enfoque fora de foco: reflexões sobre o ponto de vista em "Campo geral".

35 ROSA. *Grande Sertão*: veredas, p. 47.

PRELÚDIO

Ah, mas isso é assunto dos silêncios
essas plenipotências
mariposices
assunto de remondiolas
imaginamento
imaginamento em nulo-vejo
A gente tem de ir é feito um burrinho que fareja as neblinas?
E adivinhar o que é o mar...
Não-entender, não-entender, até se virar menino
Jogar nos ares um montão de palavras, moedal
Conversação nos escuros, se rodeando o que não se sabe.
Tudo no quilombo do Faz-de-Conta...
Ara, então! Buscar palavras-cantigas?
o quem das coisas!
Aí, Zé, opa!

*(Versificado de Cara-de-Bronze, João Guimarães Rosa)

DAR CORPO AO SUCEDER

A liberdade é assim, movimentação

ENTRADAS MÚLTIPLAS: O SERTÃO DA LINGUAGEM NO SERTÃO DO MUNDO

O mantra *sertão* envolve toda a obra literária de João Guimarães Rosa. É entoado por uma multiplicidade de significados que vibram das vozes de personagens, da sonoridade das paisagens e do enredo muito misturado de suas estórias. Sua ressonância ecoa e vibra "sempre aquém e além da representação, escorrendo além dos lados da moldura"[36], como menciona frequentemente João Adolfo Hansen. Transbordando para além da fixidez da moldura da *obra*, vemos hoje a literatura não só a reverberar, mas a envolver também as configurações culturais territoriais no sertão mineiro – Sertão do Mundo – no cotidiano de seus habitantes, nas emoções, nas categorias simbólicas e, inclusive, na riqueza polissêmica do Cerrado, nas fisionomias de veredas, dos buritis que ainda hoje resistem em pé.

A angústia de *ir para ainda encontrar alguma coisa* – como insinuado por Riobaldo ao seu interlocutor em *Grande Sertão: veredas* – na contemporaneidade, no complexo contexto de transformações do norte mineiro a partir dos anos 1970, presume, geograficamente, embrenhar-se em múltiplas encruzilhadas onde saberes diversos se entrecruzam a todo o momento e racionalidades distintas coexistem para conformar a configuração territorial.

Exemplificando tal encruzilhada, imaginemos, por um lado, um processo mais geral da *"modernização conservadora à la Norte de Minas"*[37]: caminhos labirínticos para o plantio e corte de eucaliptos, chapadas cobertas por soja e capim, veredas cercadas por monoculturas e sugadas por pivôs centrais. Um Grande Sertão "onde manda quem é forte"[38], em grande parte já transformado em Empresas Rurais por meio de incentivos governamentais sob a forma de isenção fiscal ou de concessão de terras públicas.

---

36 HANSEN. *O "Ó"* – A Ficção da Literatura em "Grande Sertão: Veredas".

37 PORTO. As Minas e os Gerais – Breve ensaio sobre desenvolvimento e sustentabilidade a partir da Geografia do Norte de Minas.

38 ROSA. *Grande Sertão*: veredas, p. 35.

Ao mesmo tempo, por dentro e nas margens, um movimento simultâneo emana com brilho em algumas das localidades de Minas onde a literatura rosiana penetrou com mais densidade nas entranhas de micropolíticas particulares, sugerindo uma grande riqueza de narrativas, discursos e racionalidades. Inicialmente podemos denominar tais arranjos como *redes locais*, impulsionadas por "um esforço solidário de diversos atores"[39], que abalam uma determinada ordem hegemônica expressa monetariamente pelo projeto desenvolvimentista – monocromático em suas reverberações e cores; monoprodutivo em suas práticas.

Na perspectiva de Milton Santos, é justamente no "*meio* local" onde as redes se integram através do trabalho coletivo, "solidário" e muitas vezes "conflitivo", formando sempre uma ordem espacial em permanente recriação, "onde os objetos se adaptam aos reclamos externos e, ao mesmo tempo, encontram, a cada momento, uma lógica interna própria, um sentido que é o seu próprio, localmente constituído"[40].

No nosso caso, a rede local reestabelece vínculos particulares em seus contextos como uma *rede rosiana*, possuindo em comum a estratégia de incorporar a literatura para multiplicar as narrativas sobre o território: multicolor em seu discurso; multifacetado em suas práticas. Narrativas emergem desse caldo cultural e, com elas, novas experiências, outras "presenças" que "transformam objetos impossíveis em possíveis"[41], em meio aos redemoinhos da modernização, das migrações forçadas às cidades, da imposição e circulação de valores hegemônicos que sufocam o Cerrado a cada dia. E, como que escapando por meio de pequenas frestas, experiências renovadas e novos enunciados passam a adquirir luz própria: ludicidade, arte, saberes populares, ancestralidade, Cerrado em pé, afeto, vereda, solidariedade, amor, cultura, travessia...

Análogo à linguagem de Guimarães Rosa, que "libera as muitas línguas presas na língua" dando voz aos que não tem voz, ou seja, aqueles desqualificados pela cultura dominante[42], o discurso da rede rosiana regional

---

39 SANTOS. *A natureza do espaço*: técnica e tempo, razão e emoção, p. 334.

40 SANTOS. Idem.

41 SANTOS. Para uma sociologia das ausências e uma sociologia das emergências, p. 246.

42 HANSEN. Forma, indeterminação e funcionalidade das imagens de Guimarães Rosa, p. 29.

ou de uma "rede contestatória"[43] local desestabilizam a linguagem instrumental, desenvolvimentista e monotemática que avança freneticamente pelo Cerrado, principalmente a partir da década de 1970.

Assim, surpreendentemente, vemos o *Sertão da linguagem* de Rosa a entranhar-se e invadir também o *Sertão do mundo*, movimentando-se e metamorfoseando-se para compor conjuntamente a narrativa socioespacial: e a *estória* – o *nonada* ficcional de Rosa – passa também a participar da *história* dos *gerais*.

Um dos pressupostos que apontamos para este trabalho é de que a literatura pode se conformar como uma espécie de "agenciamento", no sentido deleuziano, ou seja, uma "máquina literária" potente que "faz rizoma" com o sertão e cartografa "entradas múltiplas" de "experimentação" com a obra[44]. Os novos caminhos epistemológicos desenvolvidos por Deleuze e Guattari para os enunciados do campo artístico radicalizam a ideia já desenvolvida pela crítica literária, em que o conceito de "obra" não deve ficar preso à análise da personalidade de seu autor, nem a um modelo simbólico de transposição cuja estrutura seria preciso descobrir para encontrar um pretenso "sentido eterno" e verdadeiro de interpretação. O princípio propositivo dos autores em relação ao trabalho literário de Kafka, por exemplo, induz a entrar na obra do escritor como se fosse uma "toca"[45] que realmente transforma nossas experiências e leva o leitor e a própria literatura a caminhos novos. "Entrar-se-á [na toca], então, por qualquer parte, nenhuma vale mais que a outra, nenhuma entrada tem privilégio"[46].

O "agenciamento" que coloco em evidência em torno da obra rosiana é "precisamente este crescimento das dimensões numa multiplicidade que muda necessariamente de natureza à medida que ela aumenta suas

---

43   Termo utilizado por Gustavo Meyer para descrever um conjunto de atores sociais que propunham uma alternativa de desenvolvimento no que tange o campo artístico-cultural no território Arinos-Chapada. MEYER. *O campo artístico-cultural em terras de Guimarães*: uma entrada para o desenvolvimento.

44   "O princípio das entradas múltiplas impede, sozinho, a entrada do inimigo, o *Significante*, e as tentativas para interpretar uma obra que apenas se propõe, de fato, à experimentação". DELEUZE, GUATTARI. *Kafka*: por uma literatura menor (grifos nossos), p. 9-10.

45   "Toca" é uma versão animal de "rizoma", conceito de extrema importância em "Mil Platôs".

46   DELEUZE, GUATTARI. *Kafka*: por uma literatura menor, p. 9

conexões"[47]. No nosso campo de análise, a literatura de Rosa é potencialmente nutricional do ponto de vista socioespacial e vem permitindo ao longo dos últimos anos a formação de conexões que se espalham por todos os lados, tematizando, discutindo e problematizando enunciados como cultura, tradição, meio ambiente, sujeitos, sertão, Cerrado, arte e desenvolvimento. Os próprios atores em nosso *locus* de pesquisa – lideranças locais, artistas, comunidades e pesquisadores – seguem estabelecendo interações que, em algum momento, se nutrem da vitalidade literária rosiana para propor novas idealizações para o Ser-tão Cerrado: não se trata de *interpretação*, mas de *experimentação* com a obra de Guimarães Rosa.

Em uma *rede* fiada por vários elementos (Literatura – ONGs – Casas de Cultura – Cerrado – Buritis – Lideranças Locais – Unidades de Conservação – Pesquisadores – Ambientalistas – Mestres da Cultura Popular – Veredas), seu nó central produz uma complexa narrativa sobre o "lugar", assim como propunha Milton Santos, um lugar de possibilidades, onde "outros mundos podem ser criados"[48]. As conexões se intensificam à medida que determinados marcos de paisagem imantam contornos imaginários emanados pela potencialidade da obra do autor. Dessa forma, o Morro da Garça, no centro geodésico de Minas – no coração do estado, assim como o Cerrado está no coração do país – já não é mais apenas um testemunho geológico solto e isolado na grande área deprimida no Rio São Francisco: é também um emissor de recados![49]; o Urucuia não é meramente um *recurso hídrico* segundo a racionalidade dos *recursos naturais*, mas pode ser também o "rio do amor"[50]; a confluência do rio de janeiro com o Rio São Francisco não pressupõe um acidente geográfico em que as águas simplesmente confluem, mas contextualizam o encontro de Riobaldo e Diadorim, é o símbolo da travessia: "carece de ter coragem..."[51]; os pássaros que surgem entre o retorcido corpo do Cerrado são como o manoelzinho-da-crôa, "é preciso olhar para esses com um todo carinho..."[52]; e o *grande sertão* não é a "ausência" – despovoado, sem água, sem vida – mas "presença": *veredas*.

---

47 DELEUZE, GUATTARI. *Mil Platôs*: capitalismo e esquizofrenia 2, vol. 1, p. 24.

48 SANTOS. *Encontros*, p. 10.

49 O Morro da Garça, "belo como uma palavra" é quem fala e quem irrompe do subconsciente da terra o sentido oculto e principal da novela "O Recado do Morro", de *Corpo de Baile*.

50 "Meu rio de amor é o Urucuia". ROSA. *Grande Sertão*: veredas, p. 89

51 ROSA. *Grande Sertão*: veredas, p. 122.

52 ROSA. *Grande Sertão*: veredas, p. 159.

Portanto, o *Gerais* não é apenas o espaço monoprodutivo, monotemático, racionalmente planificado em "não-existências", como no conceito apresentado pelo sociólogo Boaventura Souza Santos[53]. Baseado na percepção de uma "sociologia das ausências", o sociólogo português concebe que "tornar-se presente" significa nada mais que libertar determinadas experiências "ausentes" vivenciadas no mundo – ou seja, aquelas que estão desqualificadas, invisíveis e descartáveis – para tornarem-se "presentes", como alternativas às condições excludentes de uma sociedade hegemônica. Neste sentido, a própria geografia do sertão seria "ausente" se apenas levássemos em conta uma lógica "moderna" de apreensão do mundo: positivista, tecnocêntrica, racionalista, de discursos "totalizantes" – termo favorito de David Harvey para conceber os "modelos de modernidade" enquanto "interpretações teóricas de larga escala pretensamente de aplicação universal"[54].

Se levássemos em conta apenas essa lógica unissonante, a riqueza de um mato que "aeiouava" ficaria esvaziada. O deslumbre de toda vereda murcharia no coração dos *Gerais*, para não viver mais "em verde com o muito espelho de suas águas, para os passarinhos, mil – e o buritizal, realegre sempre em festa, o belo-belo dos buritis em tanto, a contra-sol"[55]. Não teríamos o olhar de Diadorim que nos ensina a "apreciar essas belezas sem dono"[56], de "poder saber que estes gerais são formosos"[57]. Será que perdemos os rastros espalhados por Diadorim, as "quisquilhas da natureza"[58]? E de que vale todo esse "ensinamento" se a diversidade e multiplicidade das práticas sociais são comprimidas e reprimidas? Quanto pesaria a alma do boi perseguida metafisicamente por Rosa? De que valeria a intimidade profunda entre o vaqueiro com seus cavalos e mulas, se tal sentimento for apenas da produção econômica por si só? De que adianta o rio ser "de amor" se suas águas deixarem de ser o fluxo da vida para serem apenas um "recurso hídrico" captado por "metanarrativas" de desenvolvimento[59]?

---

53 SANTOS. Para uma sociologia das ausências e uma sociologia das emergências, p. 246.

54 HARVEY. *Condição pós-moderna*, p. 19.

55 ROSA. *Corpo de Baile*, p. 463.

56 ROSA. *Grande Sertão*: veredas, p. 42.

57 ROSA. *Grande Sertão*: veredas, p. 72.

58 ROSA. *Grande Sertão*: veredas, p. 45.

59 HARVEY. *Condição Pós-moderna*.

É preciso, sim, "recuperar a experiência desperdiçada"[60] no sertão, tirar sua concepção árida e pejorativa e propor uma "epistemologia"[61] de um sertão "presente" em sua diversidade e multiplicidade de saberes e práticas sociais, um sertão que está "dentro da gente", humano e pleno.

*****

Para melhor apreender a potencialidade imaginária de Rosa em relação ao sertão na contemporaneidade sugiro, nos próximos parágrafos, espacializar os "eventos"[62] ou atravessamentos artísticos-literários de acordo com o nível de *experimentação* entre literatura e espaço no sertão de Minas Gerais nas últimas décadas. Para isso, é interessante visualizar no estado vetores autônomos de práticas, onde o grau de intensidade de ressignificação da obra de Guimarães Rosa pode variar justamente de acordo com a capacidade de "atuação" – enquanto práxis – ou seja, ações que de alguma forma transformam o espaço. As ações são alavancadas por "mediadores", que, no léxico de Bruno Latour, são "aqueles que transformam, traduzem, distorcem e modificam o significado ou elementos que supostamente veiculam"[63].

Desde o início da pesquisa, algumas localidades apresentaram alguns requisitos básicos para atender à inter-relação espaço/literatura pretendida. Contudo, a experiência de campo revelou que os requisitos por si só não bastavam e que o mote metodológico não estaria configurado a partir de um *locus* privilegiado de pesquisa em si, mas sim a partir da complexidade das aberturas das "tocas", das "entradas múltiplas" da literatura rosiana no sertão mineiro. A pesquisa multi-situada, como chamarei a princípio, desnudou a importância de enfatizar a presença de duas situações coexistentes em diferentes localidades em Minas Gerais: a) uma notável transformação socioespacial no Cerrado, baseada nos anseios da modernização principalmente nas últimas quatro décadas; b) a presença de algum tipo de "esforço solidário de atores" ou de "mediadores" que, de variadas formas, provocam uma reverberação sociocultural, socioambiental, educacional ou mesmo afetiva ligada à literatura rosiana.

---

60 SANTOS. Para uma sociologia das ausências e uma sociologia das emergências.
61 Cf.: MELO. *Sertões do mundo, uma epistemologia*.
62 SANTOS. *A natureza do espaço*: técnica e tempo, razão e emoção.
63 LATOUR. *Reagregando o Social*: uma introdução à teoria do Ator-Rede p. 65.

Cada vez ficava mais explícito que o nó central do trabalho não se configuraria a partir da análise referente a uma localidade específica, onde uma suposta exaustão de dados nos daria respostas prontas ou explicações sobre uma série de eventos cartografáveis. A cada passo que dava, compreendia melhor as minhas principais inquietações, encontrava novas pistas e, assim, descortinavam-se horizontes mais interessantes, estradas mais promissoras eram abertas. Como a metodologia só se faz ao caminhar – "Tu não usas uma metodologia. Tu és a metodologia que usas"[64] – cada nova trilha rosiana aberta no horizonte descortinava uma complexidade de elementos, de "atores", "objetos", "controvérsias"[65].

Assim, apresento a seguir uma proposição com dois vetores geográficos principais de *atuação rosiana* ou de *mediadores rosianos* no sertão mineiro. O primeiro gravita a margem direita do Rio São Francisco, tendo como eixo SE-NO: Cordisburgo – Morro da Garça – Andrequicé, na região centro-norte do estado. De certa forma, este eixo indica uma relação biográfica e telúrica do escritor, em decorrência do local de seu nascimento[66] e por corresponder aproximadamente à principal incursão de Rosa ao sertão, acompanhando uma boiada guiada pelo vaqueiro Manuelzão, em 1952[67]. A trajetória do percurso da Boiada forma o elo entre as três localidades.

Do ponto de vista literário, os viajantes fictícios de "O Recado do Morro" – novela epicentral no livro *Corpo de Baile* – realizam o caminho inverso ao da Boiada feita por Rosa, marcando um itinerário geográfico diverso com três tipos de paisagens notáveis nesse primeiro vetor: a) o relevo cárstico, "tudo calcáreo"[68], próximo à região de Cordisburgo, onde inicia e termina a viagem da comitiva; b) um morro solitário, sempre avistado durante o caminho, testemunho da paisagem, localizado no centro geográfico de Minas Gerais; c) e os *Gerais* de Pedro Orósio, em direção ao

---

64 TAVARES. *Breves notas sobre ciência*, p. 62.

65 LATOUR. *Reagregando o Social*: uma introdução à teoria do Ator-Rede.

66 "Cordisburgo era o lugar mais formoso, devido ao ar e ao céu, e pelo arranjo que Deus caprichara em seus morros e suas vargens". ROSA. *Corpo de Baile*, p. 397.

67 A viagem ocorreu entre a Fazenda da Sirga, na beira do rio São Francisco e a Fazenda São Francisco, em Araçaí, próximo de Cordisburgo, entre 19 e 28 de maio de 1952, acompanhada por uma boiada conduzida por oito vaqueiros e guiada por Manoel Nardy, o Manuelzão. Cf.: ROSA, *A Boida*; MEYER, *Ser-tão Natureza*: a natureza em Guimarães Rosa.

68 ROSA. *Corpo de Baile*, p. 391.

noroeste do estado, com seus chapadões, "de onde tudo se enxerga"[69]. Ainda como referências ficcionais despontam neste núcleo a Fazenda da Samarra[70], de "Uma estória de amor" e as terras de Andrequicé (distrito de Três Marias) na novela "Dão-Lalalão", ambas de *Corpo de Baile*.

Algumas das iniciativas atuais desse vetor serão discutidas a partir de seus posicionamentos particulares e de proposições no território. Podemos citar, por enquanto, diversas iniciativas exercidas, como os contadores de estórias do Grupo Miguilim em Cordisburgo, com crianças que dão vida à literatura rosiana no município. As caminhadas ecoliteáriras do Grupo "Caminhos do Sertão", desenvolvidas em torno da cidade, estimulando a população a "dar corpo ao suceder" pelo Cerrado, aproximando-os da obra de Rosa e valorizando simbolicamente a paisagem natural e cultural da região. Além da Casa de Cultura do Sertão e da Semana de Arte e Cultura, em Morro da Garça, o Memorial do Manuelzão e a Festa do Manuelzão em Andrequicé.

O segundo vetor, por sua vez, é constituído por um eixo que conduz do distrito de Sagarana (município de Arinos) a Chapada Gaúcha, município sede do Parque Nacional Grande Sertão Veredas, no norte/noroeste de Minas Gerais. Ali estão paisagens de grande relevância espacial no fluxo da narrativa de *Grande Sertão: veredas* próximo aos limites da Bahia onde nascem rios importantes como o Carinhanha – "um rio quase preto, muito imponente, comprido e povooso"[71] – e o Piratinga – "filho do Urucuia" – os dois fluindo em direções opostas, "se dão as costas [...] Saem dos mesmos brejos – buritizais enormes"[72]. Para materializar as conexões de atuações locais (Cresertão, Festival Sagarana, Encontro dos Povos do Grande Sertão Veredas, Parque Nacional Grande Sertão Veredas, Funatura, Instituto Rosa e Sertão, etc.), desde 2014 um evento anual vem intensificando as relações a partir de uma travessia a pé feita entre as duas pontas, conhecido por Caminho do Sertão.

---

69   ROSA. *Corpo de Baile*, p. 462.

70   O nome real da localidade é Fazenda da Sirga, propriedade de Francisco Guimarães Moreira, primo de Guimarães Rosa, e onde se iniciou a viagem da boiada de 1952. A respeito disso, o escritor explica ao tradutor italiano que: "a SIRGA existe, mesmo; mas escolhi-a também pela beleza que achei no nome, pouco comumente usado (sirga = corda com que se puxa embarcação, ao longo da margem). Já, na própria estória 'UMA ESTÓRIA DE AMOR', troquei-o pelo de Samarra, que ainda me apareceu mais sugestivo" ROSA. *João Guimarães Rosa*: correspondência com seu tradutor italiano Edoardo Bizzarri, p. 124.

71   ROSA. *Grande Sertão*: veredas, p. 330.

72   ROSA. *Grande Sertão*: veredas, p. 47.

Por fim, curiosamente, o mapa é composto também por vazios de atuação que poderíamos denominar de *espaços marginais* ou *potenciais ligaduras*, onde ainda não houve uma materialização mais intensificada da interação entre o *sertão da linguagem* de Rosa e o *sertão do mundo*. Esses *vazios* têm extrema importância no fluxo narrativo de *Grande Sertão: veredas* e, coincidentemente são marcados pela "neblina" da personagem emblemática Diadorim. Na nossa cartografia vemos, por exemplo: *Itacambira*, incrustada na enigmática Serra do Espinhaço, onde a personagem teria sido batizada ("Lá ela foi levada à pia. Lá registrada, assim (...) O senhor lê. De Maria Deodorina da Fé Bettancourt Marins – que nasceu para o dever de guerrear e nunca ter medo, e mais para muito amar, sem gozo de amor..."[73]); *Guaicuí*, cenário idílico e bucólico do amor entre Riobaldo e Diadorim ("Mas foi nesse lugar, no tempo dito, que meus destinos foram fechados. Será que tem um ponto certo, dele a gente não podendo mais voltar para trás?"[74]); e *Paredão de Minas*, batalha final entre os bandos jagunços, onde Diadorim morre em luta com o pactário Hermógenes ("Porque o Paredão era uma rua só; e aquilo ficou de enfiada – um cano de balas"[75]).

Apesar de atrair os olhares de viajantes e admiradores da obra de Rosa para esses rastros de Diadorim, ainda não houve de fato um trabalho contínuo de formação de "rede", como nos outros dois vetores. Nesse sentido, são muitos fatores, inclusive o próprio acaso, que determinam espacialmente onde existe ou existiu uma atuação e onde a atuação ainda não foi o suficiente "para fazer diferença", nos dizeres da teoria de Bruno Latour. Em outras palavras, Latour insere os termos *mediadores* e *intermediários* para elucidar as atuações no "social", sendo o primeiro como aquilo que realmente desencadeia transformações no social; e o segundo como "aquilo que transporta significados ou força *sem transformá-los*"[76] ou seja, que não modifica a situação precedente. A partir do que foi apresentado acima, a obra de Guimarães Rosa apresenta-se ora como elemento de *mediação* no território – quando é capaz de ativar

---

73   ROSA. *Grande Sertão*: veredas, p. 620.
74   ROSA. *Grande Sertão*: veredas, p. 305.
75   ROSA. *Grande Sertão*: veredas, p. 596.
76   LATOUR. *Reagregando o Social*: uma introdução à teoria do Ator-Rede, p. 65, *grifos nossos*.

pela "experimentação" da obra novas proposições no espaço – ora como apenas *intermediário*, sem alcançar laços com as populações locais, sem criar rastros significativos no território.

Os graus de intensidade de "experimentação" entre a literatura de Guimarães Rosa e o espaço em Minas Gerais variam de acordo com os laços que são estabelecidos nos lugares e de como as entidades locais interagem ou não umas com as outras. Seguindo a abordagem de Latour, os fluxos dependem justamente da qualidade e intensidade das "circulações", "alianças", "conexões", capazes ou não de "produzir efeito no mundo"[77]. São diversos os fatores que influenciam tais intensidades: o histórico da mediação literária em cada lugar, a força política das entidades, a continuidade de projetos, a relação com as pessoas de "fora", como elas interagem com as propostas locais, o posicionamento e a adesão da população local frente às atividades, etc. A partir do que foi observado exaustivamente em campo entre os anos de 2014 e 2017, algumas percepções das relações regionais foram traçadas no mapa a seguir (Figura 1).

---

77 LATOUR. *Reagregando o Social*: uma introdução à teoria do Ator-Rede.

Figura1: Mapa de intensidades de "experimentação" – literatura/espaço (MG).

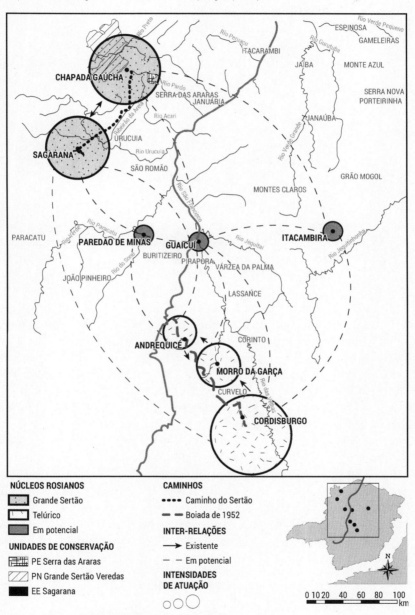

Para melhor compreender as conexões das intensidades é preciso imaginá-las distribuídas espacialmente no território mineiro. Os contrastes nos dois principais núcleos são realçados por alguns traços gerais: i) Nas peculiaridades em *angariar recursos* – o núcleo telúrico trabalha seus projetos geralmente a partir de um vínculo estabelecido direto com o Estado e, por isso, são relativamente dependentes de suas respectivas prefeituras (Cordisburgo, Morro da Garça e Três Marias), ou, eventualmente, com o Governo do Estado, no caso de Cordisburgo; enquanto o núcleo grande sertão movimenta-se por iniciativas da sociedade civil organizada (Instituto Rosa e Sertão, Cresertão[78], Funatura[79], ADSIVRU[80]). ii) Também existem diferenças nas *apropriações do discurso rosiano* – na ponta telúrica, ora a figura de Guimarães Rosa marca fortemente os eventos e execução de projetos (como em sua terra natal), ora personagens reais-fictícios "mobilizam as ações" (O "Morrão, em Morro da Garça e Manuelzão, em Andrequicé); já no norte-noroeste mineiro, as figuras literárias estão mais dispersas, a referencialidade direta com personagens ou com a figura do autor fica dissipada, porém a vivacidade cultural e a relativa preservação do Cerrado fortalecem o imaginário rosiano na paisagem. iii) As *particularidades geográficas*, por sua vez, incidem diretamente no grau de articulação institucional e também na capilaridade de potenciais parceiros ou da demanda turística: enquanto um dos núcleos está completamente envolvido com a capital mineira, mesmo que em proporções distintas (Cordisburgo – 120km, Morro da Garça – 210km, Andrequicé – 270km) e com São Paulo (apesar dos 710km de distância de Cordisburgo da capital paulista, o envolvimento dos departamentos de Geografia e Literatura da USP desde os anos 90 na região marca este itinerário), o núcleo grande sertão, por seu turno, possui uma relação muito mais forte com Brasília (Sagarana – 305 km; Chapada Gaúcha – 360km) do que com Belo Horizonte (Sagarana – 620km; Chapada Gaúcha – 772km), mesmo que acabe flutuando internamente mais entre os municípios vizinhos do que com a capital federal; iv) os *focos de experimentação rosiana* também são sutilmente distintos – no núcleo telúrico, por ordem aproximada de importância enquadram-se os seguintes elementos trabalhados: educacional, literário, turístico, cultural, político-institucional; e no núcleo grande sertão: político-emancipatório, cultural, ambiental, social, educacional, literário v) por fim, como já comentado, a *referência*

---

78   Centro de Referência em Tecnologias Sociais do Sertão

79   Fundação Pró-Natureza

80   Agência de Desenvolvimento Integrado e Sustentável do Vale do Rio Urucuia

literária no primeiro núcleo é vinculada principalmente ao *Corpo de Baile* (Uma Estória de Amor, Dão-Lalalão, Recado do Morro), com algumas interseções pontuais com *Grande Sertão: Veredas, Sagarana* e *Primeiras Estórias*; enquanto a área do segundo vetor é inteiramente marcado por Grande Sertão: Veredas.

CAMINHO AO CAMINHAR: A EXPLOSÃO DA ALTERIDADE

Mas o vento vira, as coisas mudam, e a alteridade sempre termina por corroer e fazer desmoronar as mais sólidas muralhas da identidade.

(Viveiros de Castro)

Assim como o interlocutor de *Grande Sertão: Veredas*, ouvinte profundo, quase um pesquisador de campo ("o senhor tome nota"[81]), observador-participante, ou até como um geógrafo e também um possível alterego de Rosa, muitos outros viajantes magnetizados pelo sertão e pela literatura do escritor se lançaram *em campo* ao longo das últimas décadas. Se o pseudônimo *Viator*[82] utilizado pelo autor antes de publicar seus primeiros livros revela a importância da viagem como base de sua investigação artística, diversos seguidores literários adotaram o deslocamento como um modo de interação com a obra literária, seja por meio das primeiras incursões para mapear o itinerário misterioso de Riobaldo, como o fez Allan Viggiano[83], ou pela concepção de pesquisas etnográficas importantes como "Memória – sertão", de Carlos Rodrigues Brandão, experiências de criação mais recentes como a do compositor Makely Ka ("Cavalo Motor")[84], ou ainda de tantos outros anônimos capturados pela experiência corpórea no sertão de Minas Gerais.

Desde os tempos de graduação na UFMG, minha intenção exploratória sempre constituiu também "devassar a raso este mar de territórios, para sortimento de conferir o que existe"[85], intensificando no mestrado e no percurso de doutorado. Afinal, quais seriam as narrativas desse sertão nos

---

81 ROSA. *Grande Sertão*: veredas, p. 305.

82 COSTA. João Rosa, *viator*.

83 VIGGIANO. *Itinerário de Riobaldo Tatarana*.

84 Cavalo Motor é um projeto desenvolvido pelo músico Makely Ka. Inclui exposição, filme, documentário, livro, palestra, site interativo com mapas, relatos, fotos, sons, registrando o percurso de 1.680 kms feito por ele de bicicleta pelos caminhos de *Grande Sertão: veredas* no interior mineiro.

85 ROSA. *Grande Sertão*: veredas, p. 37.

dias atuais? Como imaginar a reescrita da literatura rosiana no momento crítico em que vivemos quanto aos limites do processo de modernização no sertão mineiro e no Cerrado, de uma forma geral?

Por isso, em termos metodológicos, desde o início de nossa caminhada adotou-se a estratégia de "dar corpo ao suceder"[86], ou seja, de ir a campo, adentrar as subjetividades e complexidades no âmbito da pesquisa, ao mesmo tempo em que as questões/problemáticas iam sendo continuamente formuladas e reformuladas.

Adotar a ideia da viagem como dispositivo de investigação demandou incorporar uma espécie de exercício metalinguístico no que tange à abordagem metodológica, não somente em relação aos personagens móveis de Rosa, como também na representatividade da dimensão do deslocamento para o cotidiano dos sujeitos dos *Gerais*, "terra que só existe no movimento de sua gente"[87]. O conceito de "movimento" elaborado na etnografia de Ana Carneiro Cerqueira sobre o "povo dos Buracos"[88] adverte de forma exemplar a profundidade que o deslocamento configura e dá significado ao modo de vida no sertão de Minas: "onde a mobilidade – no espaço ou no tempo; interna ou externa; física ou existencial – dá forma e sentido"[89].

Por isso, para além de toda a relevância metodológica corporificada pelo trabalho de campo como mecanismo de aproximação e interação com o universo de pesquisa, tema já exaustivamente trabalhado na antropologia, geografia e em outras áreas, a própria noção da viagem acabou no meu caso – meio como destino – por ser a forma análoga não apenas de me colocar como "participante", mas de projetar imageticamente os outros corpos discursivos da pesquisa em uma experiência de contato mútuo e contínuo.

---

86 "Invejo é a instrução que o senhor tem. Eu queria decifrar as coisas que são importantes. E estou contando não é uma vida de sertanejo, seja se for jagunço, mas a matéria vertente. Queria entender do medo e da coragem, e da gã que empurra a gente para fazer tantos atos, dar corpo ao suceder". ROSA. *Grande Sertão*: veredas, p. 116.

87 CERQUEIRA. *O "povo" parente dos Buracos*: mexida de prosa e cozinha no cerrado mineiro, p. 44.

88 O Vão dos Buracos, citado em *Grande Sertão: Veredas,* é uma comunidade próxima à sede municipal de Chapada Gaúcha.

89 CERQUEIRA. *O "povo" parente dos Buracos*: mexida de prosa e cozinha no cerrado mineiro, p. 44.

A legitimidade de cada um desses corpos em movimento provoca entre eles saberes e problemas epistemológicos estimulantes. Os corpos ficcionais liberados por Rosa se encontram com corpos e ações espaciais no "sertão presente". O caráter dialógico do deslocamento, neste sentido, instaura não somente descrições, conceitos, compreensões, imaginações estabelecidas entre os "nativos" e aqueles que os "pesquisam" (como o seria em um estudo antropológico clássico), mas formula um leque de relações que envolvem as narrativas espalhadas pelo território, engendrando novas realidades espaciais em movimento.

Assim, todos os participantes da pesquisa em jogo são também "inventores de cultura", como sugerido na antropologia de Roy Wagner:

> O estudo da cultura é cultura, e uma antropologia que almeje ser consciente e desenvolver seu senso de objetividade relativa precisa se avir com esse fato (...) Todo empreendimento antropológico situa-se portanto numa encruzilhada: pode escolher entre uma experiência aberta e de criatividade mútua, na qual a "cultura" em geral é criada por meio das "culturas" que criamos com o uso desse conceito, e uma imposição de nossas próprias preconcepções de outros povos. O passo crucial – que é simultaneamente ético e teórico – consiste em permanecer fiel às implicações de nossa presunção de cultura. Se nossa cultura é criativa, então as culturas que estudamos, assim como outros casos desse fenômeno, também tem de sê-lo. Pois toda vez que fazemos com que outros se tornem parte de uma 'realidade' que inventamos sozinho, negando-lhes sua criatividade ao usurpar seu direito de criar, *usamos* essas pessoas e seu modo de vida e as tornarmos subservientes a nós. E se criatividade e invenção emergem como *as* qualidades salientes da cultura, então é para elas que nosso foco deve voltar-se agora[90]

A radicalização proposta por Roy Wagner é valiosa pois indica um pressuposto no qual estamos em contínua simbolização do "outro" a partir do momento em que nos colocamos em "relação". Segundo tal ponto de vista antropológico, a "invenção da realidade" ocorre de forma objetiva, por meio de observação, aprendizado e experimentação de uma nova cultura – somos todos "antropólogos" estabelecendo relações com o "outro". A produção recíproca proposta por Wagner é de suma importância aqui pois coloca como parâmetro um "pé de igualdade" entre os *atores* desta pesquisa. Da mesma forma que Guimarães Rosa arquitetou uma "absoluta confiança de inventar"[91] um grande sertão, os *mediadores lite-*

---

90 WAGNER. *A invenção da cultura*, p. 68

91 CANDIDO. O homem dos avessos.

rários e *atores sociais* que atuam e catalisam projetos socioambientais são também "novos inventores do sertão", assim como os *turistas* que criam suas narrativas de viagem sobre os lugares visitados, e as *comunidades* que entram em relação com o universo literário e "criam" a cultura daqueles com quem interagem. De alguma forma, todos são como "nativos" ou como "antropólogos" em relação de troca.

Por isso, reitero a posição de Latour de que *atores* e *cientistas* estão intrigados pelos mesmos enigmas, por questões relativas à identidade, participação, coletivos. A teoria do ator-rede desenvolvida pelo autor "é simplesmente uma tentativa de dar tanto espaço aos membros da sociedade contemporânea para definirem a si próprios quanto o oferecido por etnógrafos"[92]. Dessa forma, no contexto apresentado aqui, não sou só eu, enquanto pesquisador, que me colocava em *trabalho de campo,* mas também as comunidades espacialmente vinculadas aos dois vetores de atuação mencionados anteriormente; a literatura movente de Rosa que é transposta para o espaço material do sertão; os turistas, viajantes e caminhantes que participam desse emaranhado; além das organizações que atuam de forma fluida pelo território.

O elemento da viagem e do deslocamento no caso em questão foi justamente o recurso que marcou o *"locus"* do encontro das relações dos "atores" / "actantes" – aqueles que "agem", "deixam rastros" e "produzem efeito no mundo"[93]. A viagem, além de *locus* de encontro numa perspectiva *movimentante*, constituiu-se como o dispositivo ideal para deslocar os pontos de vista dos *atores* envolvidos na nossa *rede rosiana*.

*****

E se, "quem não caminha, não conhece" – como no dizer buraqueiro[94] – as práticas de campo durante os anos de pesquisa me conduziram às principais questões levantadas, dentre observações prévias, imersões diversas, conversas informais com lideranças locais, participação em reuniões sobre projetos em andamento na região, participação em encontros de arte e cultura ou de festivais que lidavam com a cultura e a obra de Rosa.

---

92 LATOUR. *Reagregando o Social*: uma introdução à teoria do Ator-Rede, p. 68.

93 LATOUR. *Reagregando o Social*: uma introdução à teoria do Ator-Rede.

94 CERQUEIRA. *O "povo" parente dos Buracos*: mexida de prosa e cozinha no cerrado mineiro, p. 44-45.

O primeiro passo nessa trajetória de campo veio como "destino dado"[95]. No início de 2014 (entre a realização de disciplinas da Pós-Graduação e da aproximação com o corpo teórico para elaboração da tese) surgia uma proposta sócioecoliterária de um "Caminho" que seria feito a pé interligando o percurso entre Sagarana – sede da Estação Ecológica Sagarana, do Cresertão e do Festival Sagarana – e Chapada Gaúcha – base do Parque Nacional Grande Sertão Veredas, do Instituto Cultural e Ambiental Rosa e Sertão e *locus* anual do Encontro dos Povos do Grande Sertão Veredas. A jornada de 171 km, feita por 70 caminhantes, propunha-se como uma materialização simbólica para interligar os esforços dessas duas localidades, com atuação intensa desde o início dos anos 2000.

A inserção no Caminho do Sertão me fez compreender melhor ainda o que seria o posicionamento de "participante" enquanto pesquisador, abordagem já exaustivamente refletida nas pesquisas da geografia e demais campos disciplinares. Selecionado para participar da caminhada em sua primeira edição, a experiência proporcionou uma compreensão empírica sobre a ideia de "relação" entre culturas[96] ou da perspectiva de uma "antropologia simétrica"[97], na direção de uma amplitude dos pontos de vista ávidos por contatos.

Os discursos que ali se davam entre *caminhantes, comunidades locais, representantes de movimentos sociais, lideranças históricas da região, mestres de cultura popular, pesquisadores, especialistas em literatura*, dentre outros, foram se constituindo com um emaranhado de conceitos vívidos e heterogêneos, cujo envolvimento intersubjetivo magnetizava o exercício incessante da alteridade. A *relação* entre esses discursos começava a me interessar de forma mais expressiva não enquanto textos ou conhecimentos científicos, mas como "quaisquer práticas de sentido", nos dizeres de Viveiros de Castro[98].

Desenvolvendo seus conceitos a partir da perspectiva da "antropologia reversa" de Roy Wagner, Viveiros confere ao "efeito das relações"[99] como uma das grandes saídas da antropologia para compreender as práticas sociais e culturais em sua diversidade. Se a equivalência de direito entre os discursos do "antropólogo" e do "nativo" são enfatizadas por Viveiros

---

95 ROSA. *Grande Sertão*: veredas, p. 155.
96 WAGNER. *A invenção da cultura*.
97 LATOUR. *Jamais fomos modernos*: ensaios de uma antropologia simétrica.
98 VIVEIROS DE CASTRO. O nativo relativo, p. 113.
99 Idem.

como uma "condição mutuamente constituinte desses discursos"[100], as relações vislumbradas no microcosmo da travessia entre Sagarana e o Grande Sertão Veredas (referências explícitas à uma imaginária travessia literária entre o primeiro livro de contos de Guimarães Rosa até a sua obra mais conhecida) teciam uma polifonia conceitual disseminada naquela experiência de deslocamento através do Cerrado. Bioma, aliás, já percebido muito além de suas características fitofisionômicas, sobretudo como espaço movente, como elemento "não-humano", que é igualmente *sujeito*, personagem que emana seu próprio discurso tanto nos dizeres e nas práticas dos geraizeiros, como nos mugidos dos bois, nos cantos do uruá, do farfalhar dos buritis – a voz do Cerrado que "gargalha"[101] na manhã, de araras "conversantes"[102], do vento enorme que "fala"[103], do araticum "teimoso"[104], das "enfezadas" arvorezinhas[105].

Os corpos em movimento na proposta do Caminho estimulam o que Sérgio Cardoso chamou de "experiências de estranhamento" para o sentido da viagem enquanto "desterro", experiência "fora do lugar" e de "erosão de sua própria corporeidade"[106]. O deslocamento de diversos *atores* evidenciava a própria dinâmica da alteridade, a explosão de sentimentos desterrados, deslocados, desestabilizados em seus contextos. Histórias e estórias que eram imbricadas na vivência daquele universo ao mesmo tempo literário e geográfico, um "caminho espiritual no sertão" (como desejado pelos idealizadores), entre os meandros dos ribeirões, veredas e buritizais, diálogo entre saberes populares, giros e travessia.

O Caminho do Sertão, em princípio, metamorfoseava-se para mim como o exercício mais explícito dessa antropologia "reversa" ou "simétrica", por uma confluência de "outros": de modo que, a partir da prática do *encontro* estava oferecida a oportunidade e relevância de pensar "outramente", "pensar outra mente", "pensar outras mentes", como na proposta de Viveiros de Castro[107].

---

100 Ibidem, p. 125.

101 ROSA. *Sagarana*.

102 ROSA. *Grande Sertão*: veredas, p. 329.

103 Ibidem, p. 44.

104 ROSA. *Sagarana*, p. 322

105 Idem.

106 CARSOSO. O olhar viajante (do etnólogo), p. 360.

107 VIVEIROS DE CASTRO. *Metafísicas Canibais*, p. 25.

Caminhar é o gesto que permite exercitar a alteridade, deslocar os pontos de vistas – "em suma (...) não há pontos de vista *sobre* as coisas; as coisas e os seres é que *são* pontos de vista"[108]: assim, o Cerrado é um ponto de vista sufocado, aprisionado, mas também vivo, falante, exuberante; a literatura é o seu ponto de vista nas conversas despretensiosas entre caminhantes, na leitura coletiva, na encenação de contadores de estórias locais, no discurso do especialista ou na curiosidade do leigo; a folia de reis, por sua vez, é o ponto de vista transformado em melodias, na emoção das vozes dos cantadores, ao mesmo tempo percebida com curiosidade e distanciamento entre os mais jovens; o caminhante "de fora" é o ponto de vista desterrado, aberto, deslocado, curioso; e o agronegócio no meio do sertão, nos redemoinhos do alto da chapada, constitui o seu próprio ponto de vista, que estranha o caminhante, que desdenha o "afeto", que possui seus códigos, sua linguagem.

Por isso, para ser coerente com as peculiaridades dos fios de nossa rede já em processo de entrelaçamento, precisaríamos ascender da dualidade relacional do antropólogo-nativo de Viveiros de Castro para uma correspondência ainda mais complexa:

> Os conceitos antropológicos atualizam tal relação [de conhecimento entre os discursos do antropólogo e do nativo], e são por isso completamente relacionais, tanto em sua expressão como em seu conteúdo. Eles não são, nem reflexos verídicos da cultura do nativo (o sonho positivista), nem projeções ilusórias da cultura do antropólogo (o pesadelo construcionista). O que eles refletem é uma certa relação de inteligibilidade entre as *duas* [ou mais] culturas, e o que eles projetam são as *duas* [ou mais] culturas como seus pressupostos imaginados. Eles operam, com isso, um duplo [múltiplo] desenraizamento: são como vetores sempre a apontar para o outro lado [ou vários lados], interfaces transcontextuais cuja função é representar, no sentido diplomático do termo, o outro no seio do mesmo, lá como cá[109].

Se o autor confere às ideias nativas como em um mesmo plano dos discursos antropológicos, cabia-me incorporar também outros elementos entre as várias "interfaces transcontextuais" do campo de investigação em questão. Minha intenção foi perceber como se atravessavam os conceitos e discursos de um lado para o outro nesse universo, assim como um pêndulo que vai e volta obstinadamente pelo ar. Assim, os conceitos

---

108 VIVEIROS DE CASTRO. *Metafísicas Canibais*, p. 117.

109 VIVEIROS DE CASTRO. O nativo relativo, p. 125.

ficcionais de Guimarães Rosa atravessavam os conceitos dos "mediadores sociais", que atravessavam os conceitos "nativos" dos sertanejos, que voltavam a construir o seu próprio conceito sobre "os de fora", que também criavam conceitos sobre a obra literária enquanto mecanismo vivo e sobre as práticas locais, e assim sucessivamente.

A cada atravessamento entre os movimentos do pêndulo, as transformações dos códigos se proliferam abrindo espaço para a "multiplicidade", ambiciosamente perseguida por Deleuze e Guattari. Tal atravessamento – o vaivém do pêndulo – não constitui um peso maior ou menor entre cada momento do movimento, ele simplesmente oscila e ganha velocidade cada vez que é ativado pela literatura, pelo Cerrado, por movimentos políticos, ações institucionais, por eventos rosianos, e pelo afeto, pelo envolvimento da população, por afinidades diversas. A fronteira que une-separa tais elementos heterogêneos não é abolida, mas sim contorcida em curvas infinitamente complexas, tal qual a leitura de Viveiros de Castro a respeito do pensamento de Jacques Derrida e Deleuze: "não se trata então de apagar contornos, mas de dobrá-los, adensá-los, enviesá-los, irisá-los, fractalizá-los"[110].

Permite-se, portanto, a espontaneidade do fluxo do pêndulo que "enviesa" e "fractaliza" a multiplicidade do sertão enquanto "mundo vivido" ou enquanto "linguagem" (na prosa de Rosa, tanto quanto na poesia de João Cabral de Melo Neto, na sanfona e no gingado de Luiz Gonzaga, por exemplo); ou do Cerrado enquanto "elemento não-humano", mas que "também age"[111]; e ainda da diversidade de percepções das pessoas, nativos e forasteiros enquanto "nós" e "eles" em interação pendular.

Todo esse contexto conceitual aflora espontaneamente no caso específico do "Caminho" por problematizar mais claramente algumas premissas conceituais, contudo, pode facilmente ser esparramado ontologicamente entre outras práticas e experiências ligadas à rede rosiana no sertão mineiro. Uma vez que, analogamente ao Caminho, no *Cresertão* interagem tecnologias sociais, pesquisadores, princípios da agroecologia, debates culturais emanados pela literatura; no *Festival Sagarana* dialoga-se arte, cultura, literatura rosiana, política institucional e sertão; no *Encontro dos Povos do Grande Sertão Veredas* encontram-se mestres de culturas populares de várias partes do norte mineiro, homens, mulheres e crianças apresentam suas culturas uns para os outros, ao mesmo tempo que

---

110 VIVEIROS DE CASTRO. *Metafísicas Canibais*, p. 28.
111 LATOUR. *Reagregando o Social*: uma introdução à teoria do Ator-Rede, p. 97-128.

políticas municipais tropeçam em resistências políticas conflituosas; no *Parque Nacional Grande Sertão Veredas* comunica-se o discurso ambientalista que começa a se abrir para a presença turística, com o surpreendente protagonismo da literatura como mote ecológico, o Cerrado eufórico; na mesma Chapada Gaúcha, *o Instituto Rosa e Sertão* permite a interpenetração de resistência cultural, melodias, políticas educacionais, Rosa, Sertão e os pés cravados no chão sertanejo. E, assim sucessivamente, da mesma forma como no *núcleo telúrico* pendulam turistas, pesquisas, projetos de extensão, caminhadas eco-literárias, visitas dos colégios da cidade grande, a casa de Guimarães Rosa, um Morro que dá recados, o museu de Manuelzão, os eucaliptais.

A viagem (de forma geral) e a travessia do Caminho do Sertão (como paradigma do deslocamento e encontro de *atores*), além de *locus* de encontro numa perspectiva *movimentante*, constituem-se como o dispositivo arquetípico para a prática da alteridade, para o fluxo pendular de identidade, da contaminação recíproca de pontos de vista, tal qual apresentado anteriormente.

PLATÔ-CHAPADA

Instigante notar como a "planaridade ontológica" (Viveiros de Castro), "ontologia plana" (DeLanda) ou "epistemologia simétrica" (Latour) podem nos ajudar a compreender o jogo de encontros entre os atores elencados até aqui na pesquisa. Como se estabelece este *sertão da alteridade*, afinal? Segundo os pressupostos do extrato a seguir, literatura e espaço podem também escapulir da descontinuidade "moderna" entre linguagem e mundo (signo e referente; mapa e território), de maneira que, "conhecer" a literatura de Rosa, por exemplo, não significa necessariamente estabelecer uma relação de *representação*, mas sim de *interação* entre os "lados", as "faces" e "superfícies" em "relação diferenciante". Assim, nas metafísicas canibais de Viveiros de Castro:

> Do lado do mundo (um lado que não tem mais "outro lado", pois que agora feito ele próprio apenas de multiplicidade indefinida de lados, faces ou superfícies), a mudança de ênfase correspondente veio privilegiar o fracionário-fractal e o diferencial em detrimento do unitário-inteiro e do combinatório (...). Uma "ontologia plana" (DeLanda 2002), enfim, onde o real surge como multiplicidade dinâmica imanente em estado variação contínua (...), e como relação diferenciante, isto é, como síntese disjuntiva de heterogêneos, antes que como conjunção dialética ("horizontal") ou totalização hierárquica ("vertical") de contrários (...). A essa planaridade ontológica vem corresponder uma epistemologia "simétrica" (Latour 1991): assiste-se ao colapso, na verdade, da distinção entre epistemologia (linguagem) e ontologia (mundo), e à progressiva emergência de uma "ontologia prática" (Jensen 2004) dentro da qual o conhecer não é mais um modo de *representar* o desconhecido, mas de *interagir* com ele, isto é, um modo de criar antes que um modo de contemplar, de refletir ou comunicar (Deleuze & Guattari, 1991)[112]

A "ontologia plana" discutida por Viveiros de Castro indica que essa multiplicação de agências que povoam o mundo se dá em "comunicação transversal e sem hierarquia entre seres que simplesmente diferem". Por isso é importante ressaltar que a obra literária não deveria ingressar espacialmente no sertão como um elemento imposto de cima para baixo, ou de forma autoritária, como uma espécie de alta literatura que deve ser

---

[112] VIVEIROS DE CASTRO. *Metafísicas Canibais*, p. 110-111.

conhecida pela população local simplesmente pelo fato de que, em tese, ela está representada identitariamente por Guimarães Rosa (questão que merece ser criticamente problematizada).

Um exemplo, neste sentido, indica que o fato relativamente esperado de que *"a literatura rosiana não é lida no sertão"*, tema da tese de Rosa Amélia Silva no Vale do Urucuia[113], não deveria reproduzir uma versão depreciativa em relação às populações locais. Uma objeção possível ao argumento central da autora poderia ser feita a partir da ideia que essas populações simplesmente *vivem* a literatura rosiana e, cada vez mais *interagem* nas "redes locais" não só com a poética de Rosa, mas com projetos socioculturais, agroecológicos, de revalorização local da cultura e com os "de fora", mesmo que não identifiquem Guimarães Rosa diretamente pela leitura.

A planaridade interacional colocada pelos autores citados anteriormente – como as "multiplicidades planas" apresentadas por Viveiros de Castro ou mesmo os "platôs" de Deleuze ("zonas de intensidade contínuas") – funciona, sobretudo, a partir de um ponto de vista teórico-conceitual. O pêndulo, ao qual nos propomos a desenhar, contudo, movimenta-se de forma vacilante quando assentado nas práticas socioespaciais nos platôs da "chapada". Seria de muita ingenuidade imaginar que as práticas e processos no sertão rosiano acontecem de ordem pacífica em um ambiente tão complexo, como apontamos anteriormente. Evidentemente, o caso mais explícito em que racionalidades distintas e conflituosas coexistem desenrola-se a partir da relação do processo de *modernização* com a *tradição*, da convivência da máquina e da vereda, dos "gaúchos" e "mineiros"[114].

Mas, em uma "rede rosiana", além desses processos mais evidentes, outras assimetrias mais "submersas" aparecem à medida que a pesquisa adquire um maior grau de profundidade, de maneira que os conflitos, controvérsias e ambiguidades passam a brotar a cada encruzilhada. Tal contexto foi muito bem percebido, por exemplo, no trabalho sobre o campo artístico-cultural no "território Arinos-Chapada", por Gustavo Meyer. Ao analisar como o "tradicional" é retomado na forma de eventos

---

113 SILVA. *Nesta água que não para*: leitura de João Guimarães Rosa no Vale do Rio Urucuia.

114 Caso específico do contexto socioespacial de Chapada Gaúcha. Cf.: CERQUEIRA. *O "povo" parente dos Buracos*: mexida de prosa e cozinha no cerrado mineiro; ANDRIOLLI. *Sob as vestes de Sertão Veredas, o Gerais*: "Mexer com criação" no Sertão do IBAMA; MEYER. *O campo artístico-cultural em terras de Guimarães*: uma entrada para o desenvolvimento.

artísticos-culturais ou como mote para a elaboração de projetos diversos na região, o autor captou as diversas "tensões" no campo artístico-cultural, entremeadas por ambiguidades e contradições. Em uma das perspectivas abordadas em sua pesquisa, a *ação mediadora* de determinadas entidades e lideranças locais parecia de certa forma "capturada pelo sistema" (principalmente quando necessitava angariar recursos), gerando assimetrias quando, por exemplo, lidavam com uma "rede de artesanato" ainda dependente de uma "*racionalidade* burocrático-mercadológica", como no caso a seguir:

> Com a dificuldade em dominar aspectos burocrático-mercadológicos sempre apresentada pela maioria das artesãs, esse papel é constantemente assumido por meio da ação mediadora que, ao mesmo tempo, parece instaurar os contornos de uma *lógica patronal* e *recorrer sutilmente às formas de dominação simbólica que lhe são intrínsecos* (o tom de voz, os modos de mando). Assim que se pode identificar um *tom de subalternidade nas relações sociais estabelecidas entre mediadores e artesãs*[115]

Uma "dominação simbólica" que se dá no caso específico da "rede de artesanato" como apontado acima por Meyer, mas que também é extrapolada para a "rede contestatória"[116] no território Arinos-Chapada, "assentada em uma força motriz contraditória", seja a partir de uma adesão a um "sistema" de angariação de recursos, seja pela economia criativa ou por uma "lógica populista"[117]. Não apenas a partir dos dados do trabalho desse autor, mas, sobretudo, por uma percepção adquirida nas experiências de campo no sertão, tais tensões foram tomando conta de nossa análise preliminar, na qual estavam expostos os nós contraditórios da relação entre literatura, mediadores, "atores sociais", comunidades e visitantes "de fora".

Da mesma maneira que no trabalho de Meyer, as intensidades relacionais no sertão rosiano também possuem suas ervas daninhas, ora explicitamente aglutinadas nos pivôs centrais de irrigação – que sugam as veredas e águas dos "vãos" e vales das comunidades geraizeiras para o alto "mecanizado" das chapadas –, ora manifestadas dentro dos condutos

---

115 MEYER. *O campo artístico-cultural em terras de Guimarães*: uma entrada para o desenvolvimento, p. 141, *grifos nossos*.

116 Conjunto de atores sociais locais que corresponde aproximadamente aos da nossa "rede rosiana" relativa ao núcleo grande sertão.

117 MEYER. *O campo artístico-cultural em terras de Guimarães*: uma entrada para o desenvolvimento, p. 226.

da própria "rede". Nosso objetivo para os próximos capítulos é também ponderar sobre os "sistemas arborescentes hierárquicos"[118] que surgem como "subjetivação" dentro da rede rosiana.

Para dar apenas mais um exemplo introdutório neste aspecto, a literatura, via mediadores públicos, secretarias de cultura e turismo e outras entidades, pode se conformar e já vem se conformando em algumas localidades a partir de um mote turístico, aderindo – aos olhares mais críticos – a uma "linguagem" que o próprio Rosa se recusava a utilizar: "uma língua reduzida à estupidez instrumental"[119]. Adesão que, no caso de uma "narrativa de desenvolvimento", indica conceber um espaço em vias de "turistificação" enquanto sistema produtivo ou mercadoria, mesmo que em escala muito distinta do impacto das grandes "empresas rurais". Não que o turismo seja intrinsecamente maléfico ou sempre conduzido por um viés puramente mercadológico. Isso é outra questão. Porém, o turismo também possui suas linguagens, seu léxico, suas intenções. Afinal, ele fala *rosianamente* para a emancipação do sertão ou "usa a língua degradada da sociedade industrial"[120] e contribui para gerar "ausências" no território?

O que nos cabe aqui é seguir os movimentos do pêndulo e compreender o que está sendo atravessado de um lado para o outro numa cadeia "complexa de mediadores onde paixões, opiniões e atitudes se bifurcam a cada instante"[121]. Atravessamentos que permitem o contágio e a comunicação entre heterogêneos, de encontro de pontos de vista, de traduções entre vários *outros* no sertão concebendo teorias sobre si e sobre outrem[122].

---

118 DELEUZE & GUATTARI. *Mil platôs*: capitalismo e esquizofrenia 2, vol. 1, p. 36-49.

119 HANSEN. *Forma, indeterminação e funcionalidade das imagens de Guimarães Rosa*, p. 31.

120 HANSEN. *Forma literária e crítica da lógica racionalista em Guimarães Rosa*, p. 128.

121 LATOUR. *Reagregando o Social*: uma introdução à teoria do Ator-Rede, p. 65.

122 Cf.: VIVEIROS DE CASTRO. O nativo relativo; VIVEIROS DE CASTRO. *Metafísicas canibais*.

CARTOGRAFIAS DE FORMIGA: É PRECISO SEGUIR OS ATORES

Com todos esses elementos em mãos era o momento de assimilar de forma mais ampla como poderia estender tal complexidade para uma "sociologia das associações" entre espaço e literatura, no caso de Guimarães Rosa e o Cerrado mineiro. Bruno Latour foi novamente uma referência teórica fundamental, pois sua experiência de pensamento na "teoria do ator-rede" conduz uma metodologia de reagregação e associações entre elementos heterogêneos, ou "assembleias" que congregam atores humanos e não-humanos.

Definidos nossos *atores* essenciais para o desenvolvimento da pesquisa, a leitura de Latour descortinou uma série de apontamentos essenciais para tecer essa *rede* em território mineiro. Interessante notar primeiramente que, disposto a trocar o rótulo do "ator-rede" para "sociologia da translação" ou "ontologia actante-rizoma", o autor opta por manter a primeira nomenclatura quando percebe que o acrônimo em inglês ANT (Actor-Network Theory) era também significante para "formiga", oferecendo uma dualidade fundamental:

> Os sociólogos do social parecem pairar como anjos, transportando poder e conexões quase imaterialmente, enquanto *o estudioso da ANT tem de arrastar-se como uma formiga*, carregando seu pesado equipamento para estabelecer até o mais insignificante dos vínculos[123].

O pesquisador ANT é aquele que se arrasta como uma formiga, um viajante "farejador" e até "míope" (seria como o olhar de Miguilim, ao mesmo tempo "imperfeito" e "além" do que os outros veem[124]?) que trilha um caminho tortuoso e acurado para seguir os "atores", aqueles que desempenham um papel ativo e repercussivo na "rede". Por sua vez, a imagem da rede aponta para uma ideia de interligações de conexões em que os atores (humanos e não humanos) estão envolvidos.

No caso deste trabalho, à medida que as investidas de campo foram sendo feitas e o problema de pesquisa desenvolvido, o aprofundamento

---

[123] LATOUR. *Reagregando o Social*: uma introdução à teoria do Ator-Rede, p. 47, *grifos nossos*.

[124] SOARES. Um enfoque fora de foco: reflexões sobre o ponto de vista em "Campo geral".

quanto à natureza dos grupos, das ações e de suas controvérsias crescia gradativamente. Para acompanhar como os grupos estão sendo continuamente formados e reformulados foi preciso adotar a perspectiva orientada por Latour de "mapear as controvérsias"[125] dentro dessas formações, de "rastrear" as conexões sociais dos núcleos rosianos, para perceber como essa rede é tecida em "performance". Na "definição performativa" do teórico francês os agrupamentos sociais precisam ser feitos ou refeitos constantemente, nunca como grupos estáticos, já definidos, ou inertes.

Neste sentido, tomando novamente o exemplo do Caminho do Sertão é possível compreender como as "cartografias contraditórias do social" estão em constante afloramento, visto que o "Caminho" está em permanente agrupamento, com novas variáveis em jogo a cada ano, com caminhantes novos propondo novas idealizações, comunidades interferindo mais ou menos em cada processo dependendo do grau de engajamento e de abertura a que são envolvidos, divergências internas que surgem, políticas institucionais que entram em confronto, ou, por outro lado, pelo nascimento de novas e ricas parcerias. O rizoma explode e o "Caminho" é metamorfoseado em outras aspirações: em 2014, após o evento, parte dos caminhantes juntaram-se a uma das entidades locais para propor um projeto de salvaguarda dos saberes de raizeiros, benzedores e artesãs do Vale do Rio Urucuia (Ser-tão Raiz – Espécies, Pessoas e Cerrado) aprovado pelo PPP-Ecos[126]; no ano seguinte, uma das caminhantes desenvolveu um trabalho envolvendo fiandeiras locais – fiação, tecelagem e bordados – em uma percepção de dança e saberes locais (Mulheres de Linhas); um caminhante articulou com seu grupo de teatro na periferia de São Paulo uma releitura de Grande Sertão Veredas a partir do sertão alegórico da grande metrópole (Grande Sertão Grajaú); uma outra preparou uma peça de teatro inspirada no evento intitulada Caminho e apresentou em dois dias com casa cheia em Belo Horizonte; em 2015-2016, um grupo de videoartistas e educadores passou a morar em Sagarana e a trabalhar nas escolas locais junto a uma das organizações do Vale do Urucuia; este mesmo grupo aglutinou outros ex-caminhantes que, por sua vez, alugaram uma das casas da vila para manter uma base local de interações coletivas com a comunidade ali residente, estabelecendo uma forte construção afetiva.

---

125 LATOUR. *Reagregando o Social*: uma introdução à teoria do Ator-Rede, p. 54.

126 PPP-Ecos (ISPN): Programa Pequenos Projetos Ecossociais, criado para apoiar projetos de organizações não-governamentais e de base comunitária que desenvolvam ações que gerem impactos ambientais globais positivos, combinados com o uso sustentável da biodiversidade.

Experiências inesperadas, imponderáveis, aleatórias e certamente inimagináveis por um escritor mineiro de Cordisburgo, quando em meados do século passado se entrelaçava nos mapas do Itamaraty e imageticamente tocava com os dedos o Rio Urucuia na carta topográfica, desenhava por cima do Vão dos Buracos, ficcionalizava um trajeto pelo Ribeirão Areia, talvez uma subida de um bando de jagunços pelas curvas de nível até o alto do chapadão, por um romance ainda a ser escrito.

Por isso, "o objeto geográfico está sempre mudando de significação"[127], nas palavras de Milton Santos. "A cada evento, a forma se recria[128]" e a cada evento de origem rosiana, o sertão também se recria. Para além do passado histórico dos *Gerais*, da ancestralidade portadora da proximidade física e afetiva com o mundo natural e do vínculo profundo entre o gado e os homens, agora também seguimos os "rastros" de uma encadeação de *eventos rosianos*: a escrita e publicação nos anos 1950 de *Grande Sertão: Veredas, Corpo de Baile,* dentre outros livros por Guimarães Rosa; a recepção dessas obras nas décadas seguintes; a criação de um Parque Nacional no final dos anos 1980; leituras dos livros de Rosa em um Departamento de Geografia da USP em meados dos anos 1990, cujos resultados desencadearam uma excursão a Minas, onde estabeleceram-se parcerias, desdobrando em um trabalho com grupos de crianças contadores de estórias já atuantes há mais de 20 anos (Grupo Miguilim); além da criação de um Circuito Turístico em diversos municípios do centro-norte mineiro; ações político-institucionais de base sustentável e integrada no Vale do Urucuia a partir dos anos 2000, e assim por diante.

O *escritor* Guimarães Rosa, o *livro* Grande Sertão: Veredas, o *bioma-território* Cerrado são também *atores*, portanto, "desempenhando papéis" no social e no espaço, assim como as lideranças locais, ONGs, Unidades de Conservação e comunidades que se misturam e constroem conjuntamente a rede. Uma rede rosiana movida por redemoinhos que giram na "planaridade" do platô-chapada, movimento em espiral que depende das forças energéticas do vento, da convecção do ar, necessita dos laços entre "humanos e não humanos", da maneira como a literatura é apreendida, da urgência do Cerrado, das particularidades socioespaciais em cada um dos núcleos de atuação.

*****

---

127 SANTOS. *A natureza do espaço:* técnica e tempo, razão e emoção, p. 97.

128 Ibidem, p. 102.

Na sequência do Caminho do Sertão de 2014 eu ainda participaria como organizador/mediador na edição seguinte, em 2015, e como observador em 2016 e 2017, assim como no Encontro dos Povos do Grande Sertão Veredas, nas edições de 2014 a 2017. A abertura possibilitada pelos organizadores e instituições idealizadoras do Caminho proporcionou uma amplitude de contribuições dos diversos *ex-caminhantes* que passaram também a compor e contribuir na execução do projeto. Desse encontro surgiram oficinas, debates sobre a cultura e as transformações ambientais regionais, trocas de saberes, atividades com as comunidades – uma nova coletividade em construção. Os 170km de caminhos atravessados se multiplicaram em intensidades de relações com as comunidades do trajeto – Morrinhos, Igrejinha, Fazenda Menino, Córrego Garimpeiro, Ribeirão de Areia, Vão dos Buracos. Relações também entre caminhantes "novos" e "antigos", as quais propunham-se novas idealizações, oficinas, interações, festividades; e ainda interações com as entidades que ofereciam o suporte organizacional e procuravam na medida do possível estabelecer uma relação horizontalizada entre todos esses outros *atores*.

Além disso, já em 2015, entre uma ou outra reunião do Caminho estabeleci uma articulação mais intensa junto ao Instituto Rosa e Sertão de Chapada Gaúcha, uma das entidades idealizadoras do projeto, mas que atua em diversas frentes no norte mineiro: cultura regional, meio ambiente e turismo de base comunitária. Realizamos um trabalho em conjunto para produção de textos e alimentação do site do Mosaico Sertão Veredas-Peruaçu[129] e outras atividades de comunicação, no âmbito do projeto Turismo Ecocultural de Base Comunitária do Mosaico, sob a execução do Instituto[130]. Dali surgiu também uma aproximação maior com diversos atores sociais, agentes ambientais, agroextrativistas, cooperativas e gestores ambientais da região do Mosaico como um todo, mas principalmente na ponta ocidental, no entorno do Parque Nacional Grande Sertão Veredas.

---

[129] Conjunto de áreas de proteção ambiental, presente nas porções norte e noroeste de Minas Gerais, já na divisa com os estados da Bahia e de Goiás. Localizado a margem esquerda do Rio São Francisco, o Mosaico compreende diversas Unidades de Conservação, tanto do grupo de proteção integral (parques nacionais, parques estaduais, refúgio de vida silvestre), como do grupo de uso sustentável (reservas de desenvolvimento sustentável, áreas de proteção ambiental e reservas particulares do patrimônio natural).

[130] Com financiamento do Fundo Socioambiental da CAIXA, em parceria estabelecida com o Fundo Nacional do Meio Ambiente.

Ainda em parceria com outros caminhantes da primeira edição do Caminho do Sertão e com entidades locais, produzimos o Festival Sagarana em outubro 2015, no distrito homônimo. O Festival marca um espaço de cultura e vivências, um guarda-chuva onde restabelecem-se as bases regionais. Durante esse trabalho, a base da produção do evento, a "casinha" – a qual alugamos para aquele período – tornou-se o ponto de encontro das ações entre os *ex-caminhantes*, mas principalmente espaço de troca afetiva e construtiva de anseios pessoais, ideias em comum, construções coletivas, projetos acadêmicos, parcerias culturais e também como base material e simbólica para a interação com a população local de Sagarana. De maneira que o aluguel que seria para um mês, continua sendo um dos *locus* dos encontros e foi meu recanto para a pesquisa de campo desde então.

Por outro lado, no vetor telúrico, imediatamente após as profundas experiências do Caminho e do Encontro dos Povos, me via pegando a estrada direto para Cordisburgo (quase 600km distante do núcleo grande sertão) para acompanhar as Semanas Roseanas (2015, 2016), que também acontecem anualmente no mês de julho, em homenagem ao conterrâneo ilustre da cidade. Estradas de terra, viagens cansativas, postos de gasolina, cafés açucarados e contratempos diversos não representavam exatamente adversidades, mas sim uma das chaves de compreensão a respeito de uma visível desarticulação entre os dois núcleos de atuação (grande sertão/ telúrico). A distância entre as localidades, as particularidades geográficas, os focos de "experimentação" com a literatura, as referências literárias, o modo de apropriação do discurso rosiano – tudo isso ficava mais nítido quando me deslocava abruptamente de uma região a outra, tão diferentes entre si e, ao mesmo tempo, com tantos elementos em comum.

Já em Morro da Garça, eu ainda participaria das Semanas de Arte e Cultura em janeiro de 2015 e 2016. A cada subida ao Morrão – "solitário, escaleno e escuro, feito uma pirâmide"[131] – era como se fosse capturado mais uma vez por esse imaginário rosiano que de alguma forma misteriosa parece instaurar uma ressignificação improvável no território, na paisagem, no lugar. Atento a esses detalhes, cabia refletir sobre os outros possíveis recados da pesquisa de campo, da complexidade de um sertão em transformação, não apenas visíveis em seus aspectos físicos, mas também nas questões que afetam diretamente o cotidiano da população sertaneja. Essas considerações remetem a uma atenção especial para a *ontologia da paisagem* ou para uma espécie de *subconsciente da paisagem* que muito tem a dizer do sertão mineiro atual.

---

131 ROSA. *Corpo de baile*, p. 401

Além disso, e não menos importante, no final de 2014, a partir de uma verba remanescente do Programa de Pós-Graduação, me lancei despretensiosamente na estrada rumo ao sertão, a fim de, inicialmente, entregar os volumes de minha dissertação de mestrado defendida em 2013 a algumas instituições de Cordisburgo e Morro da Garça, aproveitando para reestabelecer os contatos nesses municípios. Outro objetivo da viagem era aproximar-me de uma questão que me perseguia a bastante tempo sobre uma possível relação entre o *Grande Sertão: veredas* e a Serra do Espinhaço. O alinhamento montanhoso norte-sul da Serra, além de um grande divisor de Biomas[132], é também o limite geográfico ocidental das ações ficcionais do *Grande Sertão* – já que para o "nascente" não há mais a presença do Cerrado, mas o "mato dentro" da Mata Atlântica mineira.

Meu fascínio pessoal com a Serra – provocado em grande parte pelos diversos trabalhos de campo realizados pelo Instituto de Geociências (UFMG) ao longo dos anos – me induziu a perseguir as principais menções observadas nas leituras posteriores de *Grande Sertão: veredas*. Em uma das passagens do livro uma nomenclatura curiosa explicitava a clara referência às feições geomorfológicas dos afloramentos do Espinhaço: "*Gerais da Pedra*"[133].

No primeiro dia desse campo em Cordisburgo em dezembro de 2014, entre uma prosa e outra, Brasinha (personagem marcante de Cordisburgo) e Fábio (contador de estória e funcionário do Museu Casa Guimarães Rosa) comentavam muito entusiasmados sobre Itacambira, a 'terra de Diadorim'[134]. Sem titubear, depois de passar por Morro da Garça segui diretamente o caminho rumo aos afloramentos rochosos da gênese misteriosa da personagem de *Grande Sertão*.

Como já apontado anteriormente, as curvas que surgem na metodologia não operam como obstáculos, mas estimulam justamente as sinuosidades necessárias que levam ao caminho ideal para as percepções das interações com o tema pesquisado. Por isso, como nos adverte Bruno Latour, é preferível manter a mochila sempre leve na travessia da pesquisa, já que "'aonde ir' e 'o que vale a pena ver ali' nada mais

---

132 Cf.: GONTIJO. Uma geografia para a Cadeia do Espinhaço.

133 ROSA. *Grande Sertão*: veredas, p. 84.

134 Não se trata do lugar onde Diadorim passa sua infância – Os Porcos, nos *gerais* de Lassance, "meio-mundo diverso, *onde não tinha nascido*" – mas sim do local do batizado e provável local de nascimento.

são que um modo de dizer com simplicidade, em nossa língua, o que pomposamente se entendia em grego pela palavra "método" ou, pior ainda, "metodologia"[135]

"Enxergando à mão esquerda os vultos da Serra do Cabral"[136], o caminho entre Morro da Garça e Itacambira apresenta uma miscelânea de paisagens, além de muito calor, sol e um cerradão alto e imponente. Após passar por Montes Claros, imaginei por um momento que havia me confundido e que a "terra de Diadorim" não teria conexões explícitas com a geologia da Serra, pois o tórrido cerrado montes-clarense foi sendo metamorfoseado rapidamente em matas que tomavam conta de pequenos morros mamemolares entre os currais espalhados. Ou seja, nenhum sinal dos afloramentos das formações rochosas. Mais adiante, contudo, entre subidas e descidas, percebia a presença de morros mais rasos quase sem solos, com muitos sulcos e ravinamentos, onde, ora ou outra, formações expostas surgiam de forma esparsa como se fossem apenas pinceladas geológicas na paisagem. Várias cortinas de chuvas circulavam pelos lados e uma umidade sutilmente preenchia o caminho – uma mudança de clima em tempo recorde. Depois de passar pelo cerrado, por áreas de matas, pequenos morros e breves afloramentos de rocha, surgia ao final do trajeto a maior surpresa: a paisagem se abria surpreendentemente na fisiografia inconfundível da Cadeia do Espinhaço. O sertão da bacia do Rio São Francisco se coloria com as formas geográficas da Serra como se estivessem sendo misturados, amalgamando dois patrimônios ambientais e culturais. Chegando por cima dos alinhamentos rochosos via as casinhas da cidade incrustadas na paisagem e o maciço quartzítico como que distribuído em pequenas porções de rochas expostas, beiradas por vales verdes, rios mais sinuosos e, lá embaixo, centralizada, a Matriz de Itacambira, singela e imponente – "onde tem tantos mortos enterrados"[137].

Quase um ano e meio depois dessa entrada inicial em Itacambira, tais apontamentos tiveram continuidade ao planejar junto ao meu orientador, Professor Bernardo Gontijo, o trabalho de campo para os alunos de turismo da UFMG, enquanto cumpria meus créditos de "estágio docente" na disciplina "Turismo e Meio Ambiente", ofertada por ele no primeiro

---

135   LATOUR. *Reagregando o Social*: uma introdução à teoria do Ator-Rede, p. 38.
136   ROSA. *Grande sertão*: veredas, p. 143.
137   ROSA. Grande Sertão: veredas, p. 620.

semestre de 2016[138]. A disciplina, por sua vez, vinha de um estímulo originado pelo projeto de extensão do Instituto de Geociências da UFMG "Cartografia Roseana: Guimarães Rosa sob a perspectiva da preservação, salvaguarda cultural e inclusão produtiva" – um projeto piloto, sob a coordenação dos professores Diomira Maria Cicci Pinto Faria, Sergio Donizete Faria e Maria Luiza Grossi Araújo. O projeto englobava atividades nos municípios de Cordisburgo e Morro da Garça, contudo, resolvemos extrapolar o trajeto para beirar novamente o sertão do Espinhaço, em Itacambira, o que incluía dessa vez uma visita de reconhecimento ao Parque Estadual de Grão Mogol, 100 km distante.

Por fim, a partir dessas duas entradas iniciais em Itacambira, outra incursão de campo (janeiro/fevereiro de 2017) reconheceu de forma mais densa os *espaços marginais* de atuação rosiana (Ver Figura 1, p. 47), a fim de analisar e vivenciar uma fração espacial ainda pouco esmiuçada neste trabalho, entre Paredão de Minas, Guaicuí, Itacambira e ainda passagens pela Serra do Espinhaço no norte de Minas, como em Grão Mogol, Serra Escura, Serra Branca e Monte Azul.

Esse último roteiro foi também tema de um documentário discutido e planejado com dois parceiros do Caminho do Sertão, Paulo Silva Jr., jornalista que se lançou como documentarista em "O Acre Existe"[139] e "Largou as Botas e Mergulhou no Céu", e Diego Zanotti, videoartista e fotógrafo, cujas últimas imersões no sertão mergulham numa cartografia cinematográfica em torno de mestres de tradição oral do Brasil profundo. A ideia foi trabalhar as inquietudes da pesquisa sobre esses *espaços marginais* de atuação em torno da obra do Rosa simultaneamente a uma proposição artística sobre a relação entre literatura e o espaço, tomando como base a figura polissêmica de Diadorim, segundo três temáticas ao longo do trajeto: *Morte* (Batalha final de *Grande Sertão* em Paredão de Minas), *Amor* (relação entre Riobaldo e Diadorim no Guararavacã do Guaicuí e Rio das Velhas) e *Nascimento* (batismo de Diadorim em Itacambira).

Os encantos de Itacambira, do Rio das Velhas e do São Francisco, me faziam perguntar mais uma vez porque alguns lugares específicos do sertão mineiro estabeleciam uma curiosa "concatenação de mediadores" a partir

---

[138] A disciplina seria ofertada novamente no segundo semestre de 2017, dessa vez com o trabalho de campo orientado aos municípios de Urucuia, São Romão e ao distrito de Sagarana, onde aconteceria a primeira edição do CineBaru – Mostra de Cinema de Sagarana.

[139] Com o filme veio também o livro, lançado em 2013. SILVA JUNIOR. *O acre existe.*

da obra rosiana, enquanto outros pareciam ainda um tanto nebulosos, talvez como a "neblina de Diadorim", mesmo que trajados de uma enorme potencialidade imaginária. As perguntas de Latour sobre a presença de *atores* ou *agentes* seguiam: "que ações foram invocadas? Quais as suas figurações? Em que tipo se enquaduadram? Estamos falando de causas e seus intermediários ou de concatenação de mediadores?"[140]. Toda essa trajetória de pesquisa de campo – cartografias de formiga (ANT) – foi introduzida para que pudéssemos apontar os caminhos traçados para "corpo ao suceder" desta pesquisa.

Tabela 1: Atividades de campo realizadas, 2014-2018

Atividades de Campo	Período
– Caminho do Sertão 2014 – Encontro dos Povos do Grande Sertão Veredas	Julho de 2014
– Campo Cordisburgo – Morro da Garça – Itacambira	Dezembro de 2014
– Semana de Arte e Cultura, Morro da Garça	Janeiro de 2015
– Reunião Produção Caminho 2015, Sagarana	Fevereiro de 2015
– Campo Mosaico Sertão Veredas – Peruaçu (Instituto Rosa e Sertão)	Março e Abril 2015
– Reunião Produção Caminho 2015 (Belo Horizonte)	Maio 2015
– Campo Pré-Caminho / Organização Comunitária + Reuniões Instituto Rosa e Sertão + Festa da Serra das Araras	Junho 2015
– Caminho do Sertão 2015 (Produção/Mediação) – Encontro dos Povos do Grande Sertão Veredas	Julho 2015
– Semana Roseana, Cordisburgo	Julho 2015
– Produção Festival Sagarana – Trabalhos com o Instituto Rosa e Sertão	Setembro 2015
– Festival Sagarana (produção)	Outubro 2015
– Semana de Arte e Cultura, Morro da Garça	Janeiro 2016

---

140   LATOUR. *Reagregando o Social*: uma introdução à teoria do Ator-Rede, p. 96.

– Campo disciplina Turismo e Meio Ambiente: Cordisburgo – Morro da Garça – Grão Mogol – Itacambira	Maio 2016
– Reunião Caminho do Sertão, Sagarana – Festa da Serra das Araras	Junho 2016
– Caminho do Sertão 2016 – Encontro dos Povos do Grande Sertão Veredas	Julho 2016
– Semana Roseana 2016	Julho 2016
– Campo/Filme Gerais da Pedra	Jan e Fev de 2017
– Caminho do Sertão 2017 – Encontro dos Povos do Grande Sertão Veredas	Julho 2017
– Período Sanduíche na Universidade de Wageningen	Setembro a dezembro de 2017

INTERLÚDIO I

> A uns trezentos ou quatrocentos metros da Pirâmide me inclinei, peguei um punhado de areia, deixei-o cair silenciosamente um pouco mais adiante e disse em voz baixa: Estou modificando o Saara. O ato era insignificante, mas as palavras nada engenhosas eram justas e pensei que fora necessária toda a minha vida para que eu pudesse pronunciá-las
>
> Jorge Luis Borges

> Ver o luar alumiando, mãe, e escutar como quantos gritos o vento se sabe sozinho, na cama daqueles desertos
>
> João Guimarães Rosa

I
Havia um Liso no livro: pra lá, pra lá, nos ermos.
'– Havia no mundo?', perguntei!

Assim como no sonho-vida de Borges, eu queria integrar o Saara do sertão. Pegar os grãos da areia requentada pelo sol e deixá-la cair lentamente entre os dedos: um sopro etéreo na paisagem. A granulosidade dos sedimentos em partículas e seus invisíveis sais minerais me faziam tentar deslumbrar o raso do Liso.

Pra onde avançar? Por que avançar? E a cada pergunta a pausa se faz.
...
Pausar, contudo, é também seguir – onde coloco o ponto, já inicio o conto.

No caderno de campo estavam anotadas algumas referências geográficas não tão distantes dali: "o senhor vem, começos do Carinhanha e do Piratinga filho do Urucúia – que os dois, de dois, se dão as costas. Saem dos mesmos brejos – buritizais enormes"[141]. Mas ainda não havia o brejo para nós, agora havia o redemoinho girando abobado do alto do chapadão. Atordoado, eu via uma máquina a soprar o pó seco do sertão "presente": plantação de capim,

---

[141] ROSA. *Grande Sertão*: veredas, p. 47.

Cerrado monetarizado, modernização. Via também o Parque ao lado das mono-plantações. Parecia uma entidade, uma raridade, talvez uma rixa. Algum contra-balanço? Alguma contradança?

*

No ano seguinte dançou-se o lundu, são gonçalo. A Catira que requebra. O sanfoneiro, a rabeca, o improviso na esquina, lá na festa da Serra.

Quero ver, quero agir. Para isso, pego mais uma porção de areia, deixo deslizar. Pergunto ao veredeiro do fundo do vale, '– E lá em cima da chapada?'. Ele responde: '– Seu moço, antes eu plantava roça aqui e soltava o gado lá! Mas agora vivemos apeados, apartados. Plantaram um bocado de vintém na cimeira do chapadão e ao redor fica sempre tudo vazio, opaco. Em cima da terra roda um redemoinho sem parar – gira, gira a girar. E para olhar dentro do vento em caracol, meu senhor, carece de ter certa coragem'.

*

II

Outros adentramentos para deixar o corpo ao suceder:

Perceber o enfileiramento dos buritizais em sequência no Ribeirão de Areia. Ouvir o vento nas folhagens, feito barulhinho de chuva.

Pisar nas areias molhadas do Catarina ou do Pardo; compor a paisagem, decompor juntamente com os sedimentos, que depois seguem misturados, dissolvidos até o Rio do Chico.

Conversar pausadamente com os transpassantes na balsa em São Romão, no pôr do sol; depois em São Francisco; e depois em Januária. Lá perguntar ao pescador os tamanhos do Rio São Francisco, a simetria dos barrancos, as cores do balanço do rio, os destinos de um coração.

Chegando à vila de Sagarana perguntar por seu Argemiro; Ouvir o trovão no alto da Chapada e sentir a chuvinha caindo mansa no baixio do vale, as águas rolando por baixo da terra.

Olhar nos olhos do ancião, para o sorriso de sua esposa; tomar o café, pelando. Sentir o cheiro do frango caipira; do chá de burro, sendo feitos logo ao lado.

No rio Urucuia, ser um rio de amor. Contemplar o verde da água e da sombra suave de suas beiras. E olhar nos olhos verdes da moça a me olhar. Sentados no barranco esperando o que devia de ser.

III

Alguns personagens:

O alemão que foi morar ao sopé do Morrão, a Pirâmide do Sertão. Alquiste? Corpulento, olhar sereno, cachimbo e chapéu.

O ex-deputado cego de um olho, com sonhos para o sertão. Um universo circunscrito.

A moça dos olhos claros. Canta, dança. Luta, labuta forte nos seus Gerais.

O colecionador de antiguidades. Um sorriso! As mesmas origens de Joãozito.

IV

Métodos:

Ser o grivo, procurar o quem das coisas. A beleza do sertão.

Voltar a ser miguilim, na angústia e na alegria.

Ser Manuelzão.

Ser o lélio, procurar o amor.

Riobaldo e Diadorim.

CORPOS EM BAILE

A estória não quer ser história
A estória, em rigor, deve ser contra a História

ESSES SILÊNCIOS ESTÃO CHEIOS DE OUTRAS MÚSICAS

> *O chestnut tree, great rooted blossomer*
> *Are you the leaf, the blossom or the bole?*
> *O body swayed to music, O brightening glance,*
> *How can we know the dancer from the dance?*[142]
>
> (W. B. Yeats)

Como separar o dançarino da dança? A bela imagem sugerida pelo poeta irlandês W.B. Yeats nos induz a conceber o entrelaçamento análogo entre obra literária e mundo, entre as condições socioespaciais e literatura, e ainda, entre a arte e seu espectador. Na epígrafe acima Yeats coloca a vida como uma amálgama de ações, considerada não apenas por suas partes separadas – "a folha", "a flor" ou "o tronco" –, mas pelo seu conjunto, de sua unidade, do corpo que se movimenta ao fluxo da música e que envolve os corpos da dança.

Desta forma, a partir dos conceitos da geografia e da teoria da literatura lançamos uma reflexão a respeito das corporeidades do espaço, por meio do qual o corpo do leitor conduz o baile e recria a realidade em sua interação com objeto literário. E, assim como a literatura apenas se concretiza a partir da leitura[143], ou seja, quando sai da paralisia do texto para o movimento da leitura, o espaço geográfico só adquire vida quando a sociedade o anima e o transforma[144], retirando-o de uma condição de cenário ou corpo inorgânico.

Tal movimento indica a própria mola propulsora do dinamismo do espaço, segundo os pressupostos de Milton Santos. Os corpos em movimento, ou a própria corporeidade sugerida pelo autor viabilizam, num contexto de globalização, um conjunto vivo de estratégias, de ações e de vivências potencialmente alternativas e de resistência. Assim, o espaço não é visto

---

142 "Ó castanheiro, ó grande castanheiro de raízes profundas / você é a folha, a flor ou o tronco? / Ó corpo seduzido pela música, Ó brilho reluzente, / como podemos distinguir o dançarino da dança?".

143 ISER. *O fictício e o imaginário*.

144 SANTOS. *A natureza do espaço:* técnica e tempo, razão e emoção, p. 103-110.

aqui apenas como cenário, não é um dado a *priori* da percepção – o receptáculo de Kant – mas a partir de um estatuto conceptualizador, inventivo e que é recriado a todo o momento. Tais fluxos criativos engendram as condições socioespaciais no universo rosiano em suas diversas facetas: um *sertão movimentante*.

Em uma possível fluidez de fronteira entre espaço geográfico e arte, o universo rosiano apresenta para este trabalho uma referência que ultrapassa ou suprime as molduras de sua "obra" para ganhar a corporeidade no mundo, em franca relação com a vida cotidiana no sertão contemporâneo. Partimos do pressuposto de que o impulso dado por diversas lideranças e atores sociais nos núcleos rosianos vislumbram transformar a "não existência" do sertão mineiro (e do próprio Cerrado) em "presença", como na epistemologia proposta por Boaventura Souza Santos: "Só assim será possível criar o espaço-tempo necessário para conhecer e valorizar a inesgotável experiência social que está em curso no mundo hoje"[145].

O sertão, neste sentido, vive por meio dos corpos dos sujeitos que estabelecem a relações entre o homem e o mundo, entre o homem e seu entorno. Como apresentado no capítulo anterior, no caso de um ambiente envolvido pelos poros da literatura de Guimarães Rosa, seja explicitamente, seja inconscientemente, encontramos entrelaçados uma gama muito diversa de discursos, formas de atuação e significações entre os sujeitos: atores sociais, instituições, unidades de conservação, organizações não governamentais, mediadores culturais, coletivos de agentes sociais e os próprios "nativos", em sua diversidade: geraizeiros, sertanejos, fazendeiros, quilombolas, moradores de pequenas "cidades rurais", garimpeiros, gaúchos, mineiros, buraqueiros, etc.

Na hibridez de um espaço movimentante, o entrelaçamento de discursos (teóricos, fictícios e imaginários) acabam por "inventar a cultura"[146] ou por criar "mitos", em busca da defesa de um "outro desenvolvimento" ou de uma "rede rosiana". Depois de compreender como o mapa do sertão vem sendo construído na atualidade é necessário balizar a partir de agora as possíveis formas como a própria obra rosiana é colocada em movimento, ou melhor, como a dança se apresenta frente aos dançadores.

*****

---

145 SANTOS. Para uma sociologia das ausências e uma sociologia das emergências, p. 239
146 WAGNER. *A invenção da cultura*.

Os corpos em baile... Seria também um conceito? Tomando como referência o próprio conjunto das novelas que compõe o livro Corpo de Baile, de Guimarães Rosa, como um corpo ou organismo de estórias, ao mesmo tempo autônomas e interligadas entre si, sugerimos a partir delas um novo vínculo. A ideia de movimento, mobilidade, trânsito, implícita no título desse livro, em especial, induz a iminência de uma dança. Porém, num primeiro momento, ainda não há a dança: o livro – fechado – não está em movimento. Ele ainda se constitui apenas como um "corpo de baile", com os componentes do espetáculo, os dançarinos, o volume do livro, as novelas separadas por partes que ainda não são um todo e ainda não estão "em baile"[147].

Estar "em baile" significa colocar o livro em movimento – dança que somente é efetivada a partir da leitura. Dentro das correntes de investigação da teoria da literatura no decorrer do século XX, tal questão, ou seja, a ênfase na *recepção das obras*, ainda é uma recente manifestação da hermenêutica, que ganhou grande relevância a partir do trabalho de Hans Robert Jauss[148], em 1967, marco inaugural da "estética da recepção", ou "teoria da recepção". Outros autores seguiram o caminho aberto por Jauss, como Wolgang Iser[149], responsável por uma perspectiva consideravelmente aberta e especulativa sobre a experiência estética do leitor.

Segundo os apontamentos destacados por Luis Alberto Brandão[150], o estudo sobre a recepção das obras literárias nasce também de uma tentativa de contrapor a polarização bastante arraigada na teoria da literatura entre abordagens que se esforçam para compreender a literatura relacionada diretamente a seu vínculo (mais ou menos determinista, com os fatores socioculturais) daquelas que privilegiam as especificidades da literatura como sistema de linguagem – o legado romântico-idealista – que advoga pela autonomia da arte.

A primeira corrente concebe a literatura como reflexo do mundo, sobretudo pelos conteúdos sociais que é capaz de veicular. A mímesis, desde a antiguidade, da Poética de Aristóteles, tem sido o termo mais

---

147 Algumas dessas ideias foram apresentadas pela professora Claudia Campos Soares durante a disciplina ofertada no Programa de Pós-Graduação em Estudos Literários, na UFMG. Há também um comentário no seguinte artigo: SOARES. Considerações sobre Corpo de baile, p. 42.

148 JAUSS. *A história da literatura como provocação à teoria literária.*

149 ISER. *O fictício e o imaginário.*

150 BRANDÃO. *Teorias do espaço literário*, p. 32.

geral e corrente para se estabelecer as relações entre literatura e realidade. *Imitatio* seria a expressão utilizada para expor o caráter de cópia ou imitação do mundo pela arte literária, como espécie de "representação" ou "reflexo" da realidade.

Já a segunda corrente questiona a ideia de referência no texto literário – a "realidade" – para argumentar por uma autonomia relativa da língua em relação ao "exterior" ou "o mundo das coisas". A narrativa literária, neste sentido, estaria centrada na *literariedade*, termo enunciado pelos formalistas russos no contexto da década de 1920 para determinar a especificidade de seu objeto, oposto à definição pela função de representação (do real) ou de expressão (do autor). Nessa corrente ficam acentuadas os aspectos considerados especificamente literários, diferentemente da linguagem "não literária" ou "cotidiana"[151].

Para tentar contrapor essa dicotomia, Brandão recorre à percepção teórica explorada pela *Estética da Recepção*. Segundo o autor, os desdobramentos manifestados por tal perspectiva podem estimular novos caminhos para a interação entre literatura e espaço, temática essencial para o desenvolvimento de nossas referências conceituais. O pressuposto geral dessa estética estimula pensar o espaço (assim como qualquer outro elemento textual) para além das correntes crítico-teóricas citadas anteriormente, cuja perspectiva tomava a categoria espacial como de natureza passiva – seja porque era tida como irrelevante para os movimentos da linguagem, seja porque se acreditava que ela podia ser imediatamente "transposta" para o texto[152].

A vida histórica da obra literária dentro da concepção da *recepção* é impensável sem a participação ativa do *leitor*, fruto de sua interação com o *texto*. A literatura tem, portanto, uma existência dupla e heterogênea: ela existe independentemente da leitura, nos textos e nas bibliotecas, em potencial, por assim dizer, mas ela se concretiza somente pela leitura[153]. Portanto, os estudos mais recentes da teoria da recepção interessam-se pela maneira como uma obra *afeta* o leitor e qual o *efeito* produzido pela literatura, como na perspectiva do crítico alemão Wolfgang Iser, cuja proposta parte de uma espécie de "antropologia literária": "Se perguntarmos pela necessidade histórica do meio literário (…) precisamos captar

---

151 COMAGNON. *O demônio da teoria*: literatura e senso comum p. 40.
152 BRANDÃO. *Teorias do espaço literário*, p. 32.
153 COMPAGNON. *O demônio da teoria*: literatura e senso comum, p. 147.

por trás de sua autonomia ou da força 'mimética' por ele produzida; pois assim se evidencia a constituição antropológica do homem que se alimenta de suas fantasias"[154].

Para os nossos pressupostos gerais sobre a "experimentação" da obra rosiana em território mineiro, a participação ativa do leitor enseja a imagem do livro que se abre para o espaço: a execução da leitura – *sertão da linguagem* – que transcende a obra literária na direção do mundo, *sertão do mundo*. Imagem revestida pelos *corpos em baile* que se movimentam a partir não só da leitura, mas de traduções, proposições, discursos, atuações, efeitos, possibilidades literárias (algumas já abordadas anteriormente). A dança, contudo, é imprevisível, deixa se levar pelas sonoridades e, de certa forma, caracteriza-se também pelo *improviso*, o acaso, o imprevisto.

São imagens que possuem afinidades, por exemplo, com a ideia do texto como partitura musical elaborada tanto por Paul Ricoeur[155], como por Hans-Georg Gadamer[156]. Os autores introduzem uma ideia de que a música executada pela partitura não é compreendida exatamente apenas enquanto *reprodução*, mas enquanto uma "mera indicação da ação" que permite um preenchimento no interior do que está prelineado[157]. A partitura e a música no sertão, como já abordado, fica suscetível a "diferentes execuções", ou seja, a múltiplas maneiras como a obra de Rosa *afeta* os atores e é *ressignificada* por eles – viajantes, comunidades locais, grupos de universidades, pesquisadores, artistas, mediadores, grupos ambientalistas institucionalizados, entidades culturais. Uma "leitura" e uma "execução" repleta de nuances, altamente propositivas territorialmente, enquanto *práxis* (objetos e ações "agindo" em concerto)[158], inclusive dialogando ou contrastando com a crítica literária acadêmica tradicional, ou seja, ora apelando para um visão mítica/mística de Guimarães; ora mais centrada na referencialidade do sertão, dos povos tradicionais, do povo geraizeiro; outras ainda adotando um viés marxista da "produção do espaço"; e, ainda, por uma rica recepção indireta concebida por algumas comunidades que interagem com as informações e criam sua própria mitologia de Guimarães Rosa.

---

154 Iser. *O fictício e o imaginário*, p. 8.
155 RICOEUR. *Tempo e narrativa*.
156 GADAMER. *Verdade e método I*: traços fundamentais de uma hermenêutica filosófica.
157 Ibidem, p. 103.
158 SANTOS. *A natureza do espaço*: técnica e tempo, razão e emoção, p. 78-86.

Outra imagem musical relacionada com a *leitura* e com o *texto* é apresentada por Roland Barthes. O crítico francês propõe um encurtamento de distância entre a escritura e a leitura, não pela intensificação da projeção do leitor sobre a obra, mas pela interligação numa só e mesma prática significante. O sentido polissêmico do conceito de *jogo* é introduzido em sua abordagem de forma a aproximar o *leitor* do *texto*, assim como o "intérprete" da música pós-serial que participa ativamente como um coautor de partituras:

> não se pode esquecer que *jouer* (além de ter um sentido lúdico: jogar, brincar; e um sentido cênico: representar) é também um termo musical (tocar); a história da música (como prática, não como arte) é, aliás, paralela à do Texto; houve época em que, sendo numerosos os amadores ativos (...) "tocar" (*jouer*) e "ouvir" constituíam atividades poucos diferenciadas; depois apareceram sucessivamente duas funções: primeiro, a de *intérprete*, a quem o público burguês (...) delegava seu jogo; depois a função do amador (passivo), que ouve música sem saber tocar (...); sabe-se que hoje a música pós-serial subverteu o papel do "intérprete", *a quem se pede que seja uma espécie de coautor da partitura que ele completa mais do que "exprime"*. O Texto é mais ou menos uma partitura desse novo gênero: solicita do leitor uma colaboração prática. Grande inovação, pois a obra, quem a executa? (Mallarmé levantou a questão: quer que o auditório *produza* o livro)[159]

Barthes segue sua narrativa afirmando que "hoje apenas o crítico executa a obra". Para o autor, a redução da leitura a um simples consumo leva ao "tédio", ou seja, não se *joga* com o texto, não se *produz*. Por isso nos propomos a compreender o Texto rosiano, literariamente e espacialmente, como em *jogo*, em *produção*, com "intérpretes" que são coautores da partitura inventada dos lundus, cocos e catiras imaginárias, que completam as ondas sonoras das violadas e da rabeca, dos *corpos em baile* que seguem o movimento delineado desse espetáculo, ao mesmo tempo que colocam as suas marcas e produzem a própria dança.

O universo rosiano permite a reescrita de um novo livro (e uma nova espacialidade), composta e executada como partitura musical, onde os corpos dançam em síncope, criam o bailado: o texto movimenta-se em travessia; e o sertão é "inventado" culturalmente de formas múltiplas. Sonoridades que reverberam desde o voo do pássaro por cima da chapada até o bico do manuelzinho-da-crôa que bebe a água no riachinho de

---

[159] BARTHES. *O rumor da língua*, p. 73-74, *grifos nossos*.

fundo de vale. "Não quero palavra, mas coisa, movimento, vôo"[160]. Uma onda literária e espacial que vibra nos corpos, que induz ventanias, gera redemoinhos: o sertão no meio da rua, a literatura no meio do sertão, no meio do redemoinho. Espaço que também ficcionaliza, "inventa culturas", cria "mitos", uma narrativa espacial em construção permanente: que cria mapas, cartografa o sertão, produz o território.

Os corpos em baile... "Dansadores" que atuam em conjunto, coautores da partitura e, ao mesmo tempo, *atores,* capturados em "rede". Voltando à perspectiva de Latour, não é por acaso que a expressão do "ator" (da expressão "ator-rede"), assim como "personagem", foi recolhida do palco, já que ambas remetem a enigmas tão antigos quanto a própria instituição do teatro – "como Jean-Paul Sartre mostrou em seu célebre retrato do *garçon de café,* que já não sabe a diferença entre seu 'eu autêntico' e seu 'papel social'":

> Empregar a palavra "ator" significa que jamais fica claro quem ou o que está atuando quando as pessoas atuam, pois o ator, no palco, nunca está sozinho ao atuar. Interpretar coloca-nos imediatamente num tremendo imbróglio, onde o problema de quem está desempenhando a ação é insolúvel. Tão logo se inicia a peça, como Erwin Goffman demonstrou tantas vezes, nada mais se sabe ao certo: é real? É falso? A reação do público conta para alguma coisa? E quanto à iluminação? Nos bastidores, o que o elenco está fazendo? A mensagem do autor foi transmitida fielmente ou completamente deturpada? A personagem principal se deixou levar por alguém? Nesse caso, por quem? Que fazem os coadjuvantes? Onde está o ponto? Se quisermos desdobrar a metáfora, a própria palavra ator desvia nossa atenção para um total deslocamento da ação, advertindo-nos de que esse não é um caso coerente, controlado, bem acabado e bem delineado. Por definição, a ação é deslocada. A ação é tomada de empréstimo, distribuída, sugerida, influenciada, dominada, traída, traduzida[161]

Tal definição de "ator", tomada de empréstimo do teatro por Latour, permite uma analogia potencializadora para o que delineamos até aqui sobre a musicalidade do Cerrado e de Rosa, sobre a sonoridade de *Grande Sertão: veredas* e outras obras rosianas e suas reverberações... *Dos corpos que bailam pela leitura-execução-composição da partitura.* Como o sociólogo chama a atenção, não se trata de um caso coerente, controlado

---

160 Entrevista de Guimarães Rosa à Pedro Bloch, originalmente publicada na revista *Manchete,* em 15 jun. 1963: BLOCH. *Pedro Bloch entrevista,* p. 100.

161 LATOUR. *Reagregando o Social*: uma introdução à teoria do Ator-Rede, p. 75, 76.

ou já bem delineado. Se a ação é "deslocada", "distribuída", "sugerida", "influenciada", "traída", "traduzida", como imaginamos então as relações entre o autor, a obra e o público[162] nesse emaranhado de elementos do sertão mineiro, entre Guimarães Rosa, literatura, *Grande Sertão*, leitura, práticas, atuações, apropriações, lideranças locais, organizações, entidades, populações de "dentro" e de "fora"? O que nos cabe aqui é continuar seguindo os movimentos do pêndulo, da mobilidade dos corpos em baile, ouvir as sonoridades e seus ecos, seguir o movimento das ações e dos atores, da dança e dos dançadores.

---

[162] "Não convém separar a repercussão da obra da sua feitura, pois, sociologicamente ao menos, ela só está acabada no momento em que repercute e atua, porque sociologicamente, a arte é um sistema simbólico de comunicação inter-humana, como tal interesse do sociológico". CANDIDO. *Literatura e sociedade*: estudos de teoria e história literária, p. 21.

O SERTÃO ESTÁ MOVIMENTANTE TODO-TEMPO

> *O homem é um animal político porque é um animal literário, que se deixa desviar de sua destinação "natural" pelo poder das palavras*
>
> (Jacques Rancière)

Vale destacar ainda nessas primeiras premissas da nossa jornada que, em termos espaciais, a literatura rosiana também realiza a sua própria travessia. O atravessamento se dá justamente quando a dimensão artística irrompe suas molduras e participa conjuntamente da criação do espaço, incide nos processos de transfiguração do social como se mergulhasse num rio para tornar-se outra. E, assim, as páginas vão sendo molhadas pelos rios do sertão, o Urucuia, o Velhas, o Velho Chico:

> Eu atravesso as coisas – e no meio da travessia não vejo! (...). Assaz o senhor sabe: a gente quer passar um rio a nado, e passa; mas vai dar na outra banda é num ponto muito mais embaixo, bem diverso do em que primeiro se pensou. Viver nem não é muito perigoso?[163]

Se tudo é processo, transformação, a obra literária também mergulha no rio para sair em outras margens, em pleno estado de mutações, de uma arte viva que é experimentada e deixa experimentar-se espacialmente. O Sertão e o Cerrado ganharam talvez uma das mais instigantes descrições e ressignificações artísticas e culturais pela literatura de Rosa que, por sua vez, é experimentada densamente pelo sertão, pelos atravessamentos que se dão por meio da leitura coletiva, pela produção de significados, pelas articulações e desarticulações no território mineiro, pela recepção em ambientes heterogêneos, pela possibilidade de transcendência de um imaginário ativo e propositivo.

A ideia de movimento para a concepção apresentada é primordial, pois articula um entendimento duplo: tanto para o espaço que só existe em construção/processo, como para a literatura, que é ativada e colocada em movimento quando o leitor a "transgride"[164] e permite que o texto literário passe também a ser campo de jogo, de *produção do mundo*, como na pro-

---

163 ROSA. *Grande Sertão*: veredas, p. 51.
164 ISER. *O fictício e o imaginário*.

posta de Ricoeur: "Pela ficção, pela poesia, abrem-se novas possibilidades de ser-no-mundo, na realidade cotidiana; ficção e poesia visam o ser, já não sob a modalidade do ser-dado, mas sob a modalidade do poder-ser"[165].

A concepção de *Texto* formulada por Barthes aponta para essa potencialidade do movimento, do texto que "não pode parar"[166], que não permanece estático em sua estrutura, mas se constitui por meio da "travessia", como nas próprias palavras do crítico francês. A *travessia*, um dos mantras ontológicos de *Grande Sertão: Veredas*, remete novamente ao conceito de *jogo* para Barthes, jogo do texto pela geração de um "significante perpétuo" que atravessa outras obras e nunca fica preso à "primeira parte do sentido", mas abre-se para o "depois": "o infinito do significante não remete a alguma ideia de inefável (de significado inominável), mas a de *jogo*"[167]. A vivacidade da literatura, *em travessia*, nos remete à imagem do *texto rosiano que caminha no sertão* em plena "expansão vital" e se estende *em rede* pelo espaço.

Por sua vez, o caráter móvel da literatura aproxima-se de pontos de vistas férteis sobre a leitura geográfica dos fenômenos espaciais. O próprio mundo social – como vimos pela "sociologia das associações" de Bruno Latour – é fluido e depende de novas associações que estão sempre sendo criadas, recriadas ou modificadas. Uma leitura que flerta com o pensamento geográfico a respeito da categoria *espaço*, desenvolvido por Milton Santos, Henry Lefebvre[168], dentre outros. O caráter vívido do espaço – mais especificamente na leitura geográfica – aponta para um caminho de abertura, de um movimento sempre em curso, delineado por Doreen Massey a partir de três proposições básicas, as quais adotamos inteiramente neste trabalho:

> *Primeiro*, reconhecemos o espaço como o produto de inter-relações, como sendo constituído através de interações, desde a imensidão do global até o intimamente pequeno (...) *Segundo*, compreendemos o espaço como a esfera da possibilidade da existência da multiplicidade, no sentido da pluralidade contemporânea, como a esfera na qual distintas trajetórias coexistem; como a esfera, portanto da coexistência da heterogeneidade.

---

165 RICOEUR. Do texto à acção – ensaios de hermenêutica II, p. 122.

166 BARTHES. *O rumor da língua*, p. 69.

167 Ibidem, p. 67.

168 Mesmo que, no caso de Lefebvre, a ênfase fique centrada na "produção do espaço": "À sua maneira produtivo e produtor, o espaço entra nas relações de produção e nas forças produtivas (mal ou bem organizado). Seu conceito não pode, portanto, isolar-se e permanecer estático. Ele se dialetiza: produto-produtor, suporte das relações econômicas e sociais". LEFEBVRE. *A produção do espaço*, p. 5.

Sem espaço, não há multiplicidade; sem multiplicidade, não há espaço. Se espaço é, sem dúvida, o produto de inter-relações, então deve estar baseado na existência da pluralidade. Multiplicidade e espaço são co-constitutivos. *Terceiro*, reconhecemos o espaço como estando sempre em construção. Precisamente porque o espaço, nesta interpretação, é um produto de relações-entre, relações que estão, necessariamente, embutidas em práticas materiais que devem ser efetivadas, ele está sempre em processo de fazer-se. Jamais está acabado, nunca está fechado. Talvez pudéssemos imaginar o espaço como uma simultaneidade de estórias-até-agora[169].

Destaca-se a citação acima de Massey quase em sua integridade, pois ela oferece provavelmente os parâmetros mais instigantes e coerentes com a proposta que apresento sobre a dinâmica do espaço movimentante do sertão. A leitura da autora transmite uma visão libertadora, uma proposta teórica que dialoga com os clássicos mais tradicionais da geografia, da mesma forma como o faz com pensadores contemporâneos inovadores, tal como Deleuze & Guattari, Jacques Derrida, Bruno Latour, etc. Assim, descortinam-se os conceitos de espacialidade abertos ao inesperado, ao acaso, como *locus* da coexistência e da multiplicidade.

Tal definição aproxima-se das principais questões objetivadas nesta pesquisa e se abrem aqui enquanto um *Sertão Movimentante*. Adoto a asserção de um conceito de *sertão*, seja literariamente, seja espacialmente, como *uma entidade em travessia*, campo aberto para inter-relações, para a "construtividade relacional" – nos termos de Massey – na qual o "rizoma"[170] se espalha e onde coexistem racionalidades distintas.

Se ninguém entra duas vezes no mesmo rio, pois tanto as águas como o próprio ser que nelas mergulha são modificados (como no clássico pensamento de Heráclito), tanto espaço – onde "a cada evento a forma se recria", como a literatura – *em baile* – exprimem-se também por uma imersão em *performance*, em *movimento*, em *jogo*. O Sertão de Riobaldo está "movimentante todo-tempo"[171] assim como as configurações socioespaciais históricas do lugar-sertão, percebido e vivido pelos sertanejos, sertão como alma que pertence obstinadamente ao "homem humano"[172] que habita há milhares de anos suas serras, seus imensos chapadões, onde os rios correm para o São Francisco e os buritizais acompanham suas

---

169   MASSEY. *Pelo espaço*: uma nova política da espacialidade, p. 29.
170   DELEUZE & GUATTARI. *Mil platôs*: capitalismo e esquizofrenia 2, vol. 1.
171   ROSA. *Grande Sertão*: veredas, p. 533.
172   ROSA. *Grande Sertão*: veredas, p. 624.

veredas. O destino do sertão depende dos devires de suas futuras grafias pela terra, por suas geografias – "Os rios são caminhos que andam".

Na epistemologia de Milton Santos, uma nova geografia está sempre sendo criada[173], da mesma forma que a literatura na travessia textual de Roland Barthes. A literatura é um dos elementos que permite a recriação particular da geografia, como "variações imaginativas" que operam no real.[174] E no caso da pesquisa que propomos aqui espaço e literatura se entrelaçam a todo momento, se nutrem[175], são refiguradas[176] – um sertão movimentante que escapa em linhas de fuga que permitem "explodir os extratos, romper raízes e operar novas conexões"[177]. Sertão transformado em literatura (GR), literatura transformada em um outro sertão (sertão 2), que dialoga com a literatura, transfomando-a em outra (GR2), uma relação infinitamente interacional...

Figura 2: Sertão movimentante (fonte: elaborada pelo autor[178])

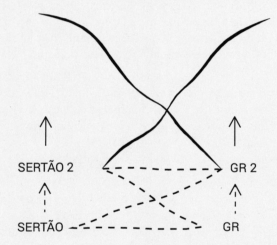

A imprevisibilidade e o acaso novamente marcam a presença desse encontro – os dois vetores na imagem acima se perdem infinitamente

---

173 SANTOS. *A natureza do espaço:* técnica e tempo, razão e emoção, p. 97.

174 RICOEUR. *Do texto à acção* – ensaios de hermenêutica II, p. 122.

175 DELEUZE & GUATTARI. *Kafka:* por uma literatura menor.

176 RICOEUR. *Tempo e narrativa.*

177 DELEUZE & GUATTARI. *Mil Platôs:* capitalismo e esquizofrenia 2, vol. 1, p. 33.

178 Esboço elaborado a partir de uma conversa informal com a Profa. Claudia Campos Soares.

na própria linha que tracejam. Se o autor Guimarães Rosa talvez não imaginasse em seu tempo as "refigurações" e "experimentações" no sertão de hoje, da mesma forma são imponderáveis os resultados dessa literatura "ressignificada" no território, pela atuação dos projetos, pelos vínculos afetivos que surgem entre os atores, das apropriações literárias para fins diversos. Portanto a reescritura rosiana opera como um rizoma, um "modelo que não para de se erigir e de se entranhar, e do processo que não para de ser alongar, de romper-se e de retomar"[179].

O texto se estende como na representação do cartaz a seguir para a divulgação de um dos eventos rosianos em território mineiro, o Festival Sagarana. O evento consolida e discute temas contemporâneos importantes para os *Gerais*, a autonomia produtiva da região, a preservação do Cerrado, a biodiversidade, a valorização dos saberes e fazeres, a cultura regional. E é a narrativa de Rosa que imanta os discursos emancipatórios, em ricas tramas entre o *texto* e o *contexto*, "Feito Rosa para o Sertão".

Figura 3: Cartaz do Festival Sagarana, 2015. Feito Rosa para o Sertão (Fonte: Festival Sagarana)

---

[179] DELEUZE & GUATTARI. *Mil Platôs*: capitalismo e esquizofrenia 2, vol. 1, p. 42.

Na imagem do cartaz seguimos o fio pacientemente elaborado pela fiandeira, cujo movimento parte da trama do mundo em direção ao mapa de Poty – a ilustração que compõe as orelhas de *Grande Sertão: Veredas*, os mapas que abrem e fecham o livro. O fio avermelhado percorre no desenho o percurso cartográfico "real" do "Caminho do Sertão", saindo do distrito de Sagarana, atravessando o Rio Urucuia, beirando os meandros do Ribeirão de Areia, passando pelo Vão dos Buracos, antes de romper rumo ao destino final, o (Parque Nacional) Grande Sertão Veredas. De lá, é tecido o fio infinito: o contorno em 8 invertido dá a volta e torna a *caminhar*, segue a travessia no mapa, entre os traçados do ilustrador e das referências sertanejas, para, enfim, voltar ao mundo tecido pela mão da fiandeira. *Apropriações do espacial*: que impregna o campo literário e o conforma em profundidade; *Apropriações do ficcional*: "que se eleva da vida, atravessa a obra literária e retorna à vida"[180].

Como tudo isso se dá? Como a arte/literatura rosiana redefinem e interagem com o sertão em Minas Gerais? Como a obra de Rosa participa da invenção do espaço, muitas vezes sendo o contraposto de um modelo hegemônico de desenvolvimento, cujo discurso/linguagem tensiona a "linguagem instrumentalizada corrente" e propõe outra cosmovisão? Como os núcleos rosianos/vetores de atuação inventam a cultura e criam um novo mapa para cartografar, espacializar o sertão? Quais as "incertezas, hesitações e perplexidades"[181] desse processo? Como se dá a alteridade entre nativos, comunidades, Rosa, turistas, mediadores socioculturais, caminhantes? Como os corpos em baile se movimentam e reescrevem o sertão a partir de sua dança?

---

180 RICOEUR. *Tempo e narrativa*.
181 LATOUR. *Reagregando o Social*: uma introdução à teoria do Ator-Rede, p. 77.

INTERLÚDIO II

    Antes de tudo e da dança, o livro está em suspensão, estéril em movimento, num prisma translúcido, ainda sem espaço, nem tempo. Já se pode ver, no entanto, o corpo de baile bem configurado, ouvir o burburinho e o silêncio dos dançarinos, em seus caóticos posicionamentos que precedem o bailado. – Estão apreensivos... Como não estariam? O coração na mão, mas firmes nas pontas dos pés: em breve irão rodopiar em palcos múltiplos, na Terra inteira: do corpo do livro para o corpo do mundo.

    Abre-se a primeira página, dá-se o movimento. A leitura põe a dança na cadência das melodias que seguem os passos da harmonia dissonante. Sigo então essa partitura inventada, sigo meu olhar imaginário.

    Adentro primeiro em matas pretas do Mutum, onde a aguinha corre quieta pelo chão, enlameando suas terras na umidade da floresta. Joaninhas brincam no lodo, misturam-se na matéria orgânica que ainda capta a luz do dia a iluminar toda a microfauna e outras miudezas metafísicas. Chove lentamente enquanto tento em vão abrir meu mapa[182]*. É justamente ao tentar observá-lo com precisão que perco a referência, flutuo entre o "real" e seu "significado", entre o mundo e o livro, entre o território e o mapa.*

    Sim, agora os dançarinos plasmam fluidamente e aquaticamente seus corpos em movimento: o livro acontece, a página está aberta. Simultaneamente as geo-grafias também se escrevem, vejo os objetos, participo das ações, climáticas, sentimentais, ou do próprio movimento das formigas pelo chão. Há fixos e fluxos na matinha fechada, na qual o mapa ainda pouco me diz. Quando a chuva terminar sairei enfim dos cílios da mata rente ao rio, de terra encharcada e escura, para chegar ao curral da fazenda.

    Se as águas da chuva cessam posso então ouvir os berros de bois, o cheiro do curral, odores entre morros e morros, no pé-de-serra dos "Gerais". Antes, ainda olho para o mapa que agora já evidencia suas referências borradas em minhas mãos, olho para as cores da joaninha, penso no livro, na dança, na leitura, ouço a musicalidade, percebo objetos e ações. Tudo indissociável, não

---

[182] "Sob a chuva, abro um mapa-múndi". BROSSA. Poesia vista, p. 93. Cf.: MARQUEZ. Imagens da Natureza.

há partes separadas: experiencio na mata de pé-de-serra ao mesmo tempo o fim da chuva, a incompreensão do mapa borrado, a joaninha, o baile do livro, a geografia, a dança e o dançador.

Afinal, "Como separar da dança o dançador?".

GERAIS DA PEDRA

O resto era o calado das pedras, das plantas bravas que crescem tão demorosas, e do céu e do chão, em seus lugares

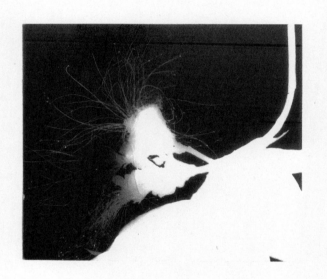

METALINGUAGEM DE CAMPO

O observador é ele próprio uma parte de sua observação

(Claude Lévi-Strauss)

Como separar a dansa do dansador? Como delimitar ou estabelecer fronteiras entre o *corpo* do dansador e o *baile* da dansa? O "S" da dansa e do dansador segue aqui a intuição lexical de Guimarães Rosa, que não usava o "Ç" para o vocábulo dança porque considerava que "o pezinho do cedilha amarrava a palavra": o S, para o autor, é o movimento, a dansa. Os conceitos produzidos até aqui para compreender o entrelace dinâmico da geografia e literatura – *sertão movimentante* – nos indica a todo momento um processo estimulado pelo movimento, pela travessia. Geografia que está continuamente em construção, refigurações da arte se transcendendo em direção ao mundo, linhas de fuga operando por novas conexões, literatura em baile, performance, geografia em movimento, texto rosiano em jogo, sertão em travessia[183]. "Liberdade é assim, movimentação"... Tanto o *corpo* do dansador como o *baile* contribuem simultaneamente por um *devir literário da obra rosiana* e um *devir espacial do sertão mineiro*, desterritorializando e enriquecendo ambos os termos dessa relação[184].

Sobre a mobilidade, *dar corpo ao suceder*, a prática metodológica intrínseca desta pesquisa está arraigada nos pressupostos da prática de campo da Geografia de "entestar viagem mais dilatada" por uma apreensão do mundo e de expressão dos momentos de vivência. Como sugeriu o modelo de ideias de Bruno Latour, se o método ou a metodologia implicam saber "aonde ir" e "o que vale a pena ver ali", a base da nossa cartografia de formiga aguçou o entendimento e aprofundamento das relações entre literatura e espaço nos dois núcleos rosianos, denominados inicialmente por "telúrico" (para a vertente Cordisburgo – Morro da Garça – Andrequicé) e "grande sertão" (para Sagarana – Chapada

---

[183] Essa miscelânea de conceitos norteou os últimos capítulos e continuará a travessia até o final do texto. Pode-se notar nesse primeiro parágrafo uma conversa de surdina, por exemplo, entre Doreen Massey, Paul Ricoeur, Roland Barthes, Gilles Deleuze & Felix Guattari.

[184] Cf.: Viveiros de Castro. *Metafísicas Canibais*, p. 184.

Gaúcha). Faltava ainda investigar através do trabalho de campo as potenciais ligaduras da rede rosiana no "núcleo potencial" representado pela tríade Itacambira – Guaicuí – Paredão de Minas (Cf.: Figura 1, p. 47).

Os locais elencados nesse último percurso partiam da constatação de uma espécie de vazio de atuação/experimentação, onde o fluxo narrativo de *Grande Sertão: Veredas* tinha uma grande importância figurativa nos lugares, porém sem constituir-se ainda enquanto rede de "ação"[185]. O acaso mais uma vez surgiu como cultivador de sentidos para a pesquisa: coincidentemente ou não, *Itacambira*, o *Rio das Velhas/Barra do Guaicuí* e *Paredão de Minas* traçavam no mapa, respectivamente, os mesmos caminhos de *nascimento*, *amor* e *morte* de Diadorim, a polissêmica personagem do livro de Guimarães Rosa.

A marca de Diadorim veio como uma sobreposição iluminadora, pois os caminhos mapeados induziam de forma produtiva a imagem e a presença da personagem, guiado por suas neblinas em *Grande Sertão: Veredas*[186]. Diadorim... Diadorim... é o que Riobaldo, o narrador do Grande Sertão, entoa, encantado, nas margens das lagoas do Córrego Mucambo, logo quando o amigo Reinaldo revela aquela "apelidação". Riobaldo peleja, dilacera, vive, cambaleia em todos os redemoinhos do sertão guardando consigo a miragem de um nome em segredo. "Que é que é um nome? Nome não dá: nome recebe"[187]. Dindurinh, "feito fosse o nome de um pássaro"[188]. Diá do Diabo, deá de Deus? Deá de adorar, deadorar, deamar, ou diá do ódio, de odiar... Os rastros deixados pelo prefixo *dia* (dialética, diabólica) e do sufixo sugando o *im* do indeterminado, da imprecisão de gênero, da ambiguidade, poderiam sugerir todo um arcabouço temático a ser explorado.

Adotando a ideia do texto como partitura musical, baseada nas sugestões de Ricouer, Barthes e Gadamer, as ligaduras desse "núcleo pontencial" ou "espaços marginais" indicavam também possíveis elos entre as reverberações literárias que vibram no espaço ("o ao ar")[189], notas imaginárias ecoando como potenciais continuidades da performance rosiana no sertão mineiro e da frequência da experimentação entre literatura e geografia.

---

185 SANTOS. *A natureza do espaço*: técnica e tempo, razão e emoção.
186 "Diadorim é a minha neblina...", diz Riobaldo. ROSA. *Grande Sertão: veredas*, p. 40.
187 ROSA. *Grande Sertão: veredas*, p. 172.
188 ROSA. *Grande Sertão: veredas*, p. 583.
189 ROSA. *Primeiras Estórias*, p. 21.

Assim, os *corpos em baile* continuavam a ativar os pontos vitais neste trabalho: corpos que movimentam a literatura, ao mesmo tempo, corpos movimentados por ela. Como já mostramos, o estímulo desse movimento se dá de uma forma geral pelo esforço solidário de alguns atores formando uma "rede local" de experimentação rosiana (ora "contestatória", ora ambientalista, cultural, educativa, turística, etc). Porém, a relação pode ser estabelecida também sem estímulos autoevidentes de ação regional, ou seja, de uma forma mais espontânea, a exemplo dessas ligaduras, "espaços marginais", onde o *sertão da linguagem* de Rosa e o *sertão do mundo* coexistem ainda sem uma "mediação" propriamente dita.

Como já apontado, o itinerário planejado para o campo e a convergência com os rastros de Diadorim suscitaram uma discussão sobre um possível roteiro de documentário a ser produzido com mais dois amigos, Diego Zanotti e Paulo Junior, parceiros de encontros possibilitados pela travessia feita no Caminho do Sertão. A proposta para o filme nascia do compromisso e energia pulsante dos três "ex-caminhantes" em continuar toda a potência gerada pela caminhada e em projetos paralelos, realizando uma proposta artística, poética e documentária sobre a relação entre a literatura e o espaço em Minas, tomando como base a figura de Diadorim.

Emblematicamente, essas ideias foram sendo discutidas na vila de Sagarana, em julho de 2016, exatamente um ano após a segunda edição do Caminho, em 2015. As conversas ganhavam fôlego mais especificamente na casinha amarela alugada por vários ex-caminhantes de 2014 (entre os quais eu me incluía) para a produção do Festival Sagarana de 2015. Depois do evento, a casa continuou sendo ponto de encontro e, principalmente, de afeto dos ex-caminhantes entre si e com os moradores da vila. Já chamado carinhosamente por Casecos[190], aquele canto foi elencado para ser como nosso refúgio simbólico no Cerrado, um lar inventado no chão de terra de Sagarana, já muito além da Sagarana encantada literariamente por Rosa, mas cravada em carne e osso no meio da rua, no miolo dos *Gerais*.

Entre conversas ao pé do fogão, perguntávamo-nos: 'o que nos leva a estar aqui?'. O que nos movia a estar ali mais uma vez envolvidos por novas experiências mediadas pela arte, pelo lúdico, e também por novas utopias ou

---

[190] O Casecos acabou se tornando a sede em Sagarana do coletivo "Ecos do Caminho", composto por ex-caminhantes que participaram de edições anteriores do Caminho do Sertão, desde 2014. Integrado por educadores, artistas, estudantes, autônomos e pesquisadores, a própria denominação do grupo marca as reverberações do "caminho" e dos "ecos" em jogo.

pelo simples desejo do encontro? Caminhos e pensamentos pelo Cerrado, vivências no cotidiano em uma vila no noroeste de Minas Gerais. Aliás, 'O que significaria produzir novas experiências'? E de repente percebíamos a perplexidade de vivenciar algo já muito além da literatura, entre visitas carinhosas de moradores, 'ô de dentro!', e o café sendo coado, o sol espalhando pelas frestas da telha, 'por que fazer cinema?', 'por que ler Rosa?'.

Literatura sendo vida, vida encharcada de geografia, as grafias na terra, no chão: veredas. As várias camadas de encontros dos caminhantes do Caminho do Sertão entre si e entre os atores e comunidades locais já promovia, desde o primeiro ano do evento (2014), experiências inesperadas, como os projetos já citados: "Ser-tão Raiz", "Mulheres de Linha", "Peça Caminho", "Grande Sertão Grajaú", dentre outros (Cf.: p. 64). Reverberando, assim, outras interações ainda mais surpreendentes nos anos seguintes, com destaque para o "Cinebaru: Mostra Sagarana de Cinema" e as casas coletivas de Sagarana, o "Casecos" e o "Pequeno Reino", as quais discutiremos mais adiante.

A elaboração da ideia do campo pelo "núcleo potencial" gerado nesse contexto peculiar e o roteiro e a filmagem, em si, representavam mais um dos mecanismos da dilatação da rede rosiana se prolongando em camadas de encontros, significações e afetos. A proposta do filme e do nosso envolvimento direto na rede seria mais um fruto da árvore dos *Gerais* que explode de conexões por baixo dos extratos do solo, em um "processo que não para de se alongar" – como a experiência do rizoma deleuziano procedendo por "expansão, conquista, captura, picada"[191].

Antes de adentrar nos caminhos escolhidos para as filmagens, dois pontos são essenciais para introduzir as próximas reflexões. São pontos imagéticos que integram a discussão iniciada aqui e que conformam a última viagem de campo como um *meta-campo* ou mesmo como uma *metalinguagem de campo*. Incursão que visou vivenciar sensorialmente o sertão na contemporaneidade (a prática de campo da geografia, por excelência) relacionando os temas em questão, ao mesmo tempo em que estimulou a própria vivência em voltar para si mesma enquanto *produção de experimentações* – a partir de duas frentes: a) engendrando e fortalecendo o prolongamento da rede rosiana discutida na pesquisa (sertão – GR – sertão2 – GR2 – sertão3...) (Cf Figura 2, p. 90); b) e alimentando ainda a recursividade contextualizada no início da nossa escrita, entre ficção e realidade, cinema, livro e mundo: *m u t u m*[192].

---

191 DELEUZE; GUATTARI. *Mil platôs*: capitalismo e esquizofrenia 2, vol. 1, p. 43.

192 Cf. Capítulo 1 (MUTUM).

Essas duas dimensões corroboram a ideia de que a geografia e o espaço não são recipientes já conformados, fechados, mas sempre em produção, como postulado por Doreen Massey:

> O espaço jamais poderá ser essa simultaneidade completa, na qual todas as interconexões já tenham sido estabelecidas e no qual todos os lugares já estão ligados a todos os outros. Um espaço, então, que não é nem um recipiente para identidades sempre-já constituídas nem um holismo completamente fechado. É um espaço de resultados imprevisíveis e de ligações ausentes. Para que o futuro seja aberto, o espaço também deve sê-lo[193]

Assim, *Gerais da Pedra*, título do campo-documentário, é ao mesmo tempo um *corpo ao suceder* e um *corpo em baile*[194]. A própria vivência e produção do filme grafam mais elementos em busca de novas conexões e, simultaneamente, cartografam o mapa: "sempre desmontável, conectável, reversível, modificável, com múltiplas entradas e saídas, com suas linhas de fuga"[195]. Cartografia e produção de espaço de traduções, proposições, discursos, possibilidades. A proposta retorna, consequentemente, ao pressuposto básico ensaiado ao início deste livro sobre o palíndromo que corre em todos os sentidos, que volta sobre seus próprios passos, $m \leftrightarrow u \leftrightarrow t \leftrightarrow u \leftrightarrow m$: do cinema (Mutum), ao livro (Campo Geral), ao mundo (sertão) – e voltando ao mundo (sertão), ao livro (Grande Sertão: Veredas), ao cinema (Gerais da Pedra), e assim adiante, sucessivamente. Atravessaremos em seguida as neblinas de Diadorim muito misturadas na Serra do Espinhaço, para depois, através dela, perceber uma rede de recados tencionando oralidade e escrita, narração e mundo, arte e geografia.

---

[193] MASSEY. *Pelo espaço*: uma nova política da espacialidade, p. 32

[194] Em grande medida, este livro, em si, também opera *sucedendo* e *bailando*; mas, por enquanto, deixamos essa discussão para as páginas finais.

[195] DELEUZE, GUATTARI. *Mil Platôs*: capitalismo e esquizofrenia 2, vol. 1, p. 43.

A VIDA TAMBÉM É PARA SER LIDA

'A terra derreteu aí num pedaço de chão, derreteu aquela montanha. Diz que é de sete em sete anos: as pedras mudam'.

(Seo Joaquim, de Gameleiras)

Gerais da Pedra é, sobretudo, um filme sobre encantamento. Seu processo narrativo parte da ideia básica de que é possível vivenciar a reverberação de *Grande Sertão: Veredas* nos lugares onde a história narrada por Riobaldo se confunde com as próprias histórias locais, entre citações geográficas ou criações ficcionais e as suas relações com o povo geraizeiro do norte de Minas Gerais. Ao mesmo tempo abre ainda outra trilha na estrada: registrar a relação dos relatos da sabedoria popular e das tramas complexas do cotidiano do sertão construindo interações com a própria narrativa rosiana, ora transformada em mito, ora em referencial presente.

O trabalho de campo, portanto, vestiu-se de cinema pelas veredas do roadmovie, documentário feito de pulsividade. Os personagens surgiam do meio do miolo dos *Gerais* para contar suas histórias, e a *pedra* era a linha condutora da narrativa – pesada, densa, mas que também se esfarela, dissolve na paisagem, é a história que carregamos todos os dias. Nada mais sugestivo, então, do que o fato de um dos nossos encontros mais marcantes ter sido já nos últimos dias de filmagem com Seo Joaquim, na área rural do município de Gameleiras, beirando as bordas da Serra do Espinhaço ao norte do Estado.

Entre a porteira e a casa, ouvíamos ainda distantes o convite sem receio do morador, 'vamo entrar pra dentro!', sendo introduzidos assim a mais uma dessas reações espontâneas proporcionadas pela proposta de imersão. Algo parecia transparecer junto à presença daquela figura franzina e simpática, a barba por fazer, trajado de uma camisa branca abotoada apenas pelo arame jeitoso: naquele meio de tarde certamente seria desaguado mais uma vez o imenso rio da oralidade sertaneja.

No quintal, o terreiro aberto se virava para a porta da cozinha e a bacia repleta de umbu recém colhido continuava remexida em um mesmo ritmo pelo ancião sentado ao pé da escada, enquanto entremeava a conversa com sorrisos. E com sorrisos compartilhados e recíprocos, revivíamos o que já era acúmulo afetivo nesses últimos anos de pesquisa, desde o período de mestrado, mundo adentro pelo interior do norte de Minas Gerais. As palavras saudosas e fraseadas surgiam naturalmente: 'A gente sentava em cima das pedras, no *Gerais*, n'algum lugar que tem uma água fria, aí contava história, tanta história contada, tanta coisa...'.

'Podemos abrir uma prosa com o senhor, Seu Joaquim?, viemos filmando aí pelos Gerais, conversando com as pessoas...', era o que geralmente dizíamos quando havia uma predisposição do interlocutor. E, como se aquilo fosse a coisa mais corriqueira do mundo, ele nos interrompia a pergunta dando resposta de aprovação. Era o sinal exato de que estava aberto o momento de não perder o fio da conversa, ligar o microfone, erguer o rebatedor para contornar o sol que entrava às três da tarde desviando das copas das árvores e, debaixo da única sombra, já estava lá a câmera – ação.

Contavam-se assuntos emendados, alguns muito ironizados, 'jaco não sou, eu sou joca', outros emocionantes, como o acidente envolvendo seu filho e o apoio de amigos que vieram de vários cantos da região para prestar solidariedade, 'ô trem bonito é amigo!', ou do 'desmate da floresta', os tempos de muita escassez em que os moradores passaram muita fome, 'tudo no osso', história de parentes que vieram de São Paulo para ali a pé por mais de 1000km. Ou seja, uma enxurrada de histórias com recursos estilísticos próprios, ao modo labiríntico da criação literária de *Grande Sertão: veredas*.

Dentre elas, uma descrição inflamada 'sobre uma serra que tinha desmontado' chamou ainda mais a atenção: 'essas pedras que estava falando com cês, pedra rolada'. Não que o repertório do causo fosse necessariamente arquetípico para aquele momento, muito menos imprescindível para compor alguma cena representativa de outros tantos momentos que havíamos presenciados nos últimos quase trinta dias de campo. Mas, o causo da pedra desabada num longínquo inverno de 1968 – 'faltou um tiquinho pro mundo não acabar' – mergulhava no indeterminado que buscávamos, colocando em foco o caminho reflexivo e conceitual de *Gerais da Pedra*.

Iniciava com um fato, 'Cá embaixo, na boca da Serra, tinha desmontado uma pedra grandona. Mas era pedra mesmo! Esquisita. Nesse inverno de sessenta e oito é que ela deslocou da Serra, ela desceu, caiu dentro do rio e tampou'. Em seguida, surgia no causo um suposto doutor de fora, da cidade, sugerindo explicação. 'Então, esse doutor falou pra mim: "Óia,

Joaquim, as pedras mudam de sete em sete anos'". E a confirmação do doutor era consentida altivamente na mistura dos braços chacoalhando ligeiros por todas as direções, 'E mudam mesmo! É de sete em sete!'.

*****

Desde as primeiras conversas com Diego e Paulo, na casa em que fomos recebidos em Paredão de Minas no início da imersão, havíamos esboçado a proposta de introduzir cada ato do filme a partir da imagem feita de algum personagem com olhar fixo em direção à câmera, segurando e revelando uma pedra. O retrato em movimento acompanhou todo o filme, simbolizando simultaneamente a projeção de uma paisagem interior e exterior: o rastro da história cravada ou submersa desse sertão inventado a cada dia e, ao mesmo tempo, uma metáfora do gigantesco afloramento rochoso da Serra do Espinhaço.

Isso porque uma particularidade geográfica em especial já havia me chamado a atenção no que se refere a um certo amálgama humano / não-humano / extra-humano entre a personagem rosiana de Diadorim ("Ele, o menino, era dessemelhante, já disse, não dava minúcia de pessoa outra nenhuma") e a paisagem física da Serra do Espinhaço, que é geograficamente sua terra de batismo (a cidade de Itacambira). A nebulosidade da Serra, suas feições geomorfológicas disformes e absolutamente encantadoras, a força e vivacidade do processo geotectônico subterrâneo, somados a uma intensa biodiversidade abrigada por seus "campos rupestres de altitude"[196], eram elementos que se destacavam frente à imensa "dessemelhança" da Cadeia do Espinhaço em relação às outras ambiências físicas descritas na obra de Guimarães Rosa.

Essa grande cadeia de "terras altas, de direção geral norte-sul e convexidade orientada para Oeste"[197] atravessa Minas Gerais como um enorme corpo rochoso que, além da geologia submersa e do seu conjunto de feições geomorfológicas estampadas na paisagem, constitui um eminente divisor de biomas entre o Cerrado e a Mata Atlântica. O termo "Espinhaço" foi cunhado pela primeira vez pelo famoso geólogo Barão de Eschwege, quando já se revelava a grande importância geológica e ecológica da cadeia de montanhas. O pesquisador alemão havia notado que a Serra do Espinhaço

---

[196] Cf.: GONTIJO. Uma geografia para a Cadeia do Espinhaço.

[197] Cf.: SAADI. A geomorfologia da Serra do Espinhaço em Minas Gerais e de suas margens.

(em sua excêntrica tradução, "Rückenknochengebirge") não era apenas um importante divisor sob o ponto de vista "geognóstico", mas também segundo os aspectos florísticos e faunísticos. Enquanto as regiões à leste da cordilheira, até o encontro com o mar, são cobertas por matas "das mais exuberantes", a porção oeste "forma um terreno ondulado e apresenta morros despidos e paisagens abertas, revestidas de capim e de árvores retorcidas, ou os campos cujos vales encerram vegetação espessa apenas esporadicamente"[198].

Ainda não havia uma literatura como a de Guimarães Rosa para contorcer mais ainda as "árvores retorcidas" do Cerrado ou para preencher os "morros despidos" por bois conversantes, colorir a vegetação "espessa" e "esporádica" com personagens delirantes, e para espalhar ainda as veredas por suas paisagens abertas, como quem desde sempre sentisse saudade dos buritizais. A descrição de Eschwege, no entanto, antecipava os diversos estudos posteriores de naturalistas, ecólogos, geomorfólogos que relatavam o prolongamento do alinhamento montanhoso norte-sul como o limite geográfico oriental dos "Gerais".

Uma grande unidade de relevo erguida e apontada para o poente, fronteiriça às margens orientais da bacia Sanfranciscana – ali se movimentariam também as futuras ações ficcionais de toda a obra de Rosa, o território em direção ao interior do Brasil, de costas para o litoral, coberto e iluminado pela vivacidade do Cerrado. Os Gerais, "do chapadão, com desprumo de duras ladeiras repentinas"[199], terra dos buritis e das veredas "vivendo em verde com o muito espelho de suas águas, para os passarinhos, mil – e o buritizal, realegre sempre em festa"[200].

Minha perplexidade quanto à relação entre os dobramentos geológicos – com suas feições disformes como uma grande "espinha" que liga Minas à Bahia dividindo a rede hidrográfica, ecológica e geológica-morfológica – e a personagem de Diadorim foi ganhando contornos surpreendentes a partir da primeira visita à Itacambira, ainda em 2014, impulsionada por conversas prévias com atores locais em Cordisburgo sobre aquele lugar, 'do alto da serra, pelo mirante, você vê aquela cidadezinha lá bem pequenininha'. Chegando ao mirante e vendo os grandes blocos rochosos espalhados na paisagem, os arranjos fitofisionômicos misturados às casinhas e à Matriz no centro da cidade, onde Diadorim

---

[198] ESCHWEGE. Quadro Geognóstico do Brasil e a provável rocha matriz dos diamantes, apud GONTIJO. Uma geografia para a Cadeia do Espinhaço, p. 9

[199] ROSA. Corpo de Baile, p. 462.

[200] Idem, p. 643.

"foi levada à pia. Lá registrada, assim"[201], imaginava e confirmava aquilo que o trabalho de Érico Coelho já havia avaliado anteriormente sobre a constelação geodésica planejada na obra rosiana[202].

No caso de Coelho, *Corpo de Baile* foi o livro percorrido como um mapa, ou como uma "autêntica partitura geodésica da coreografia amorosa dos rios, montanhas, plantas, bichos e personagens do Sertão"[203]. A consistente pesquisa do estudioso instigava a compreender as relações orográficas do "livro irmão" de *Grande Sertão: veredas*, como um "corpo literário emissor/receptor dos recados da natureza (...) entre as saliências e reentrâncias do relevo percorridas pelas viagens das personagens"[204]. Portanto, se os perfis orográficos das serras e morros organizam as ações ficcionais de *Corpos de Baile* e "a paisagem se metamorfoseia numa mitologia em relevo", não ficaríamos menos abismados (o termo vem a calhar) se percebêssemos a grande irradiação telúrica da Serra do Espinhaço como sendo o berço de Diadorim, "dessemelhante" de tudo, "– 'Sou diferente de todo o mundo. Meu pai disse que eu careço de ser diferente, muito diferente...'"[205]

Itacambira internaliza as origens telúricas de Diadorim entre os aflora-mentos minerais de uma paisagem grandiosa e silenciosamente modelada, cuja etimologia estimula alguns dos signos geológicos e efluências vindas da terra e das pedras: ita-acambira, o forcado de ferro, o compasso, a tenaz; ou itacam-bir, pedra de dorso empolado; ou ita-caá-bir, a pedra pontuda que sai do mato[206]. Não seria preciso ir muito longe – como no "mundo encantado" da *physis* grega (onde a noção de natureza não é pos-tulada por sua condição material, pronta e acabada, mas por seu caráter transformador e, digamos "movimentante"); ou pela correspondência goethiana entre a "experiência sensível da natureza e a obras intelectuais e espirituais da mente" – para compreender o papel decisivo da geografia física, não somente na obra rosiana, como na própria vida do sertão.

---

201 ROSA. *Grande Sertão: veredas*, p. 620.

202 Tese defendida em 2011, pela Universidade de São Paulo. COELHO. *Rumo a rumo de lá*: atlas fotográfico de Corpo de Baile.

203 COELHO. "Orografia cenográfica (um mapa)", p. 131.

204 COELHO. "Orografia cenográfica (um mapa)", p. 131.

205 ROSA. *Grande Sertão: veredas*, p. 125

206 TONDINELI. Viagem pelo sertão rosiano: estudo toponímico de grande sertão: veredas, p. 4.

Na festa de linguagens de Guimarães Rosa, onde "tudo é humano"[207] e "encontra seu contraponto e ritmo referenciais no mato, nesse sertão mudo e doido e nada metafísico, tudo também tem "enunciação"[208], "como imagens de almas de coisas"[209]: do rio que tem "afã" e "espuma próspero", dos tombos das cachoeiras, do cio da tigre preta, da gargaragem de onça, da garoa que rebrilha, do céu que embranquece, dos pássaros que calculam o giro da lua, da canguçu monstra que pisa em volta, do cheiro de campos com flores, cigarras em bando debaixo de um tamarindo sombroso, o frio que geia em costas de boi e nos telhados das casas, do céu-azul vivoso, igual um ovo de macuco, dos ventos em punhados quentes de não deixar se formar orvalho...[210]

As tentativas de Rosa em deslocar a perspectiva, escolhendo ver e escutar o mundo a partir de outros pontos de vista, humanos e não-humanos, coloca a sua literatura em uma categoria proto-perspectivista ou proto-multinaturalista, quase que antevendo a implosão antropológica causada pela teoria de Eduardo de Viveiros de Castro e outros autores do final do século XX. Criando uma linguagem inventiva à medida (à altura) da cosmovisão sertaneja – como Viveiros de Castro realizou analiticamente em relação às imaginações conceituais dos mundos indígenas – Rosa emitiu em seu projeto artístico uma "festa de linguagens" surdinamente preparada no mato, liberando "as línguas aprisionadas na língua"[211]: as vozes das pedras, dos pássaros, a alma dos bois, a coragem da onça, os saberes dos loucos, o olhar das crianças, bêbados, a canção dos poetas, a irradiação profética dos morros, a conversa das montanhas.

---

[207] Baseado no pensamento ameríndio (e nos parece que a ficção rosiana estaria em absoluta consonância), Viveiros de Castro diz: "O humano não é uma questão de ser ou não ser; é estar ou não estar em posição de humano. A humanidade é muito mais um pronome do que um nome. A humanidade somos 'nós'. A possibilidade de se colocar a si mesmo enquanto enunciador é postulada como universal (...). Não se trata, no caso dos índios, de estar supondo uma definição que se pode tomar em extensão. Todas as espécies podem ser consideradas como humanas em um momento ou outro. Tudo é humanizável". VIVEIROS DE CASTRO. *Encontros*, p. 113.

[208] O conceito de enunciação é tomado de empréstimo aqui de Foucault. No próximo capítulo iremos desvendá-lo um pouco mais.

[209] HANSEN. Forma literária e crítica da lógica racionalista em Guimarães Rosa, p. 129.

[210] Parte dessas ideias estão contidas em uma das passagens de Grande Sertão: veredas. Cf.: ROSA. *Grande sertão: veredas*, p. 42

[211] Cf.: HANSEN. A imaginação do paradoxo.

E é Reinaldo-Diadorim-Deodorina, por sua vez, "assim meio singular, por fantasma", o grande "segredo" do *Grande Sertão* rosiano, que incorpora as perguntas sem respostas do livro, sendo não apenas o objeto de amor impossível de Riobaldo, mas, sobretudo, uma "condensação enigmática dos procedimentos de indeterminação" da narrativa[212]. Se a *natureza do segredo* de Diadorim é vinculada por Claudia Campos Soares a partir da concepção do segredo trabalhada por Jacques Derrida: "heterogêneo em relação ao escondido, ao obscuro, ao noturno, ao invisível, ao dissimulável, até mesmo ao não-manifesto em geral, ele não é desvendável"[213]; por outro lado, o *segredo da natureza* da geografia física e humana se contorce pela linguagem rosiana a ponto de assumir um ponto de vista próprio, subvertendo o papel de paisagem estática para tornar-se protagonista.

Sua mediação passa inevitavelmente pelos poros de Diadorim, "nos olhos e tanto de Diadorim o verde mudava sempre, como a água de todos os rios em seus lugares ensombrados"[214]; pela voz que carrega o ianso do vento que traz o cheiro de alguma chuva, do chiim dos grilos, dos sapos sorumbando. Diadorim, "assim meio singular, por fantasma"[215], é quem ensina a "apreciar essas belezas sem dono"[216], natureza sem proprietário e não domesticada, paisagem com enunciação própria. *Diadorim me pôs o rastro dele para sempre em todas essas quisquilhas da natureza*[217].

Pedra das palavras...

Se "a vida é para ser lida"[218], como advertia Rosa, *Gerais da Pedra* queria sair das entranhas da terra, ouvir e falar junto daqueles que leem o mundo como quem lê ou escuta os sinais e recados do chão geraizeiro. A câmera

---

212 Como analisou João Adolfo Hansen, Diadorim funciona como "uma ausência que fundamenta e determina a duplicidade da memória de Riobaldo", que o lembra e o perturba com os temas do diabo, do homem, da violência guerreira, da homossexualidade, da duplicidade. HANSEN. Forma literária e crítica da lógica racionalista em Guimarães Rosa, p. 126.

213 Cf: SOARES. Grande sertão: veredas e a impossibilidade de fixação do sentido das coisas e da linguagem, 2014.

214 ROSA. *Grande Sertão: veredas*, p. 305.

215 ROSA. *Grande Sertão: veredas*, p. 307.

216 ROSA. *Grande Sertão: veredas*, p. 42.

217 ROSA. *Grande Sertão: veredas*, p. 172.

218 ROSA. *Tutameia*, p. 30.

escavando afetos, o solo revolvido pelas mãos de quem vivencia o sertão em seu cotidiano, a paisagem física e humana viva entre serras e chapadas, a travessia dos corpos e corações na imensidão do Rio São Francisco ou do balanço do Velhas, navegando entre a memória, a linguagem, os desejos. O olhar para cima dos morros ou direto nos olhos, ao mesmo tempo por dentro, para baixo, nos subsolos e submersos das paisagens.

Por isso, uma das escolhas para a composição do trabalho de campo / documentário foi inverter a ordem temática, tanto para compor a coluna vertebral do itinerário de viagem, como para abordar os três atos do filme. O itinerário e a sequência torcem ao avesso a continuidade linear da vida da Diadorim (*nascimento – amor – morte*), pois as filmagens iniciam pelo local do fim de sua história no *primeiro ato*, especificamente no Paredão de Minas, distrito da cidade de Buritizeiro, onde acontece a batalha final de *Grande Sertão: Veredas*. O olhar se expande um pouco mais no *segundo ato*, o fôlego ressurge, o coração procura por mais luz e o amor revelava-se no encontro dos rios, nos reencontros das paixões, em passeios de barco no Rio das Velhas, em conversas de família engrenadas pelo encanto por pequenas coisas que também são do tamanho do mundo, tudo isso diante do cenário dos encontros entre Riobaldo e Diadorim. E, ao chegar no *terceiro ato* na cidade de Itacambira, o enredo chega ao nascimento da personagem de Rosa para remeter à vida: a literatura que encarna, que reverbera, que não se fecha em si, que vai para a boca das pessoas, segue no cotidiano e no imaginário, nas prosas e no mito em permanente construção.

Assim, após vivenciar e filmar os três atos do filme – *morte* (Paredão), *amor* (Guaicuí/Lassance), *nascimento* (Itacambira) – rastejando em busca de rastros espalhados nas histórias de vida do sertão contemporâneo, a Serra do Espinhaço surgiu ao final das filmagens como um importante elemento imagético para criar uma curva importante do filme, compondo o prólogo e epílogo do roteiro. Em uma das encenações paralelas aos depoimentos, por exemplo, uma bailarina convidada[219] especialmente para o projeto construía uma performance saindo da pia onde Diadorim teria sido batizada e jogava o corpo (em baile) para fora da matriz da cidade. Em catarse, misturava os movimentos da dança com a paisagem, cavando a terra em meio às pedras, correndo pelos caminhos da saída de Itacambira, para as dobras da Serra do Espinhaço colorida pela amplidão das montanhas.

---

219 Luna Guimarães, além de atriz, bailarina e professora em Montes Claros, é coincidentemente sobrinha-neta de Guimarães Rosa.

Ao invés de fechar o ciclo *morte – amor – nascimento*, a Serra nos levava, junto com personagens como Luna ou como Joaquim, a acompanhar o ponto de vista da narrativa com a câmera dançando junto a paisagem, descontrolando e acirrando ainda mais o contato entre chão e imaginário, o real e o fictício, o material e o metafísico, o determinado e o indeterminado. Se não há nada mais terrível do que "uma literatura de papel"[220], como Rosa ressaltava, quando adentramos o caminho da linguagem documentária temos a oportunidade de falar com os *Gerais*, imprimindo suas muitas misturas de vida que viajam desde a profundeza do chão até a metafísica das estrelas.

E nesse meio de travessia surgem mistérios em forma de prosas de quintais sob a sombra de umbuzeiros... Como o tombo da pedra do causo de Joaquim que parecia como se fosse catapultada para o presente pela força dos seus braços. Assistíamos, imageticamente, o rochedo desabando deslumbrante pelo penhasco,

'– Por exemplo, quando dá uma chuva (agora mesmo deu um trovão aí, acho que caiu curisco), ela cai, a hora que ela cai no chão, ela estifunda sete metros pro chão adentro. O curisco. Ele é uma pedra, assim ó: cumprida. Agora, com sete metros ele para; cada ano ele sai um metro; quando dá sete anos, ele sai pelo meio da terra; agora mesmo tinha, eu achei ele ali. Ela estava por aí, umas pedrinhas cumpridas, chama pedra curisco: ela vem das nuvens, cai é fundo no chão, sete metros. Agora, com sete anos, ela sai em riba, cada ano ela sai um metro'.

O amplo quintal de Joaquim à beira do boqueirão da Serra se abria como o "Aleph" do nosso trajeto em *Gerais da Pedra*, e talvez também como o simulacro simultâneo de tantos encontros proporcionados ao longo da pesquisa. Como a epifania sugerida por Jorge Luis Borges na qual se imaginava um ponto do espaço envolvendo toda a realidade do universo dentro de um porão de um casarão de Buenos Aires, no nosso caso aquela conversa de quase fim de tarde com um dos guardiões da oralidade do sertão era também a reunião de um espaço desestabilizador da ordem do real, "tudo ao mesmo tempo e agora"[221].

"*Fechei os olhos, tornei a abri-los. Então vi o Aleph*"[222]

Real ou inventado, ficção ou relato verídico, mapa ou sequência de nomes aleatórios, a função do filme foi também desestabilizar a ficção e

---

220   ROSA, João Guimarães. Diálogo com Günter Lorenz.
221   BORGES. *O Aleph*, p. 148
222   Idem.

interagir com o monstro rosiano[223], solto!, em pleno habitat geraizeiro, na rua, nas casas, no meio do mato, no Cerrado. No contexto da visita em Gameleiras, nosso anfitrião terminou a primeira conversa nos convidando para voltar já no próximo dia, para exibir uma de suas trilhas preferidas próxima de sua casa. 'Vamos lá no *gerais*', como se dissesse, com Riobaldo, "Visita, aqui em casa, comigo, é por três dias!"[224].

Convite aceito, no dia seguinte seguíamos o amanhecer pela estrada, o sol deslizando para dentro do carro, a lua ainda se despedindo da madrugada acompanhando a câmera, a porteira aberta para a trilha e os primeiros passos na mata fechada do boqueirão da serra. A prosa não parava um minuto sequer, estendia firme no chão junto à travessia dos pés. A manhã era colorida pela sequência inusitada de frases soltas no ar: 'conheci três pessoas mais velhas que existem, Véi Isauro, Maria Couro e Anja Velha...', ele dizia, afirmando afinidade com a gente do 'tempo do cativeiro'.

Ali no vale profundo cavado entre serras semeavam-se narrativas tonteadas pelo vento frio insinuado pela garganta do boqueirão, contaminando o *Gerais* pelas enunciações do mestre Joaquim, que esculpia as palavras de forma artesanal, ao modo do "narrador" benjaminiano[225]. Porém, ao invés da interação profunda da "alma, mão e olho" sugerida pelo pensador alemão sobre a relação entre o narrador e a vida, o sertanejo trocaria a mão pelos pés (no melhor sentido), já que a travessia, ou o "movimento", para retomarmos o conceito de Ana Carneiro – constitui também a matéria-prima essencial da experiência de vida e prática geraizeira. Se por um lado "quem viaja tem muito o que contar", como os marinheiros comerciantes exemplificados por Benjamin, por outro, "quem não caminha

---

[223] Cf.: SANTIAGO. *Genealogia da ferocidade*.

[224] "Eh, que se vai? Jajá? É que não. Hoje, não. Amanhã, não. Não consinto. O senhor me desculpe, mas em empenho de minha amizade aceite: o senhor fica. Depois, quinta de-manhã-cedo, o senhor querendo ir, então vai, mesmo me deixa sentindo sua falta. Mas, hoje ou amanhã, não. Visita, aqui em casa, comigo, é por três dias!". ROSA. *Grande Sertão: veredas*, p. 41.

[225] Para Walter Benjamin, a narrativa, que durante tanto tempo floresceu num meio de artesão – no campo, no mar e na cidade – é uma forma artesanal de comunicação: "Ela mergulha a coisa na vida do narrador para em seguida retirá-la dele. Assim se imprime na narrativa a marca do narrador, como a mão do oleiro na argila do vaso". BENJAMIN. *Magia e técnica, arte e política*: ensaios sobre literatura e história da cultura, p. 205.

não conhece" no dizer dos moradores do Vão dos Buracos, etnografados por Ana Carneiro Cerqueira[226].

E assim seguiam outros passos preenchidos por poesias improvisadas na hora do descanso ou mediados pela sabedoria no desvendar dos usos medicinais de cada planta esbarrada no caminho. No meio dos diversos relatos, ressurgia ainda o causo da pedra de curisco: aquela que vem das nuvens diretamente para o fundo do chão, afunda por sete metros e que por lá fica por sete anos, até emergir do subsolo novamente. A terra derretendo no inverno de 1968, a montanha se desmanchando, as pedras mudando de lugar, 'vou mostrar procês onde que foi', dizia como contando o segredo antes do primeiro patamar da subida da serra.

Essas histórias e a vivência da caminhada na zona rural de Gameleiras se confundiam com percursos feitos anteriormente, não só em *Gerais da Pedra* como em outras experiências nos núcleos rosianos. A entrada no boqueirão pela parte mais profunda escavada pelo rio, tomada pela mancha florestal, era também uma incursão pelo "imaginário", que penetra na nossa experiência sob a forma de sonhos, devaneios, alucinações. A travessia com Joaquim era praticamente como nosso rito de encerramento por caminhos e trilhas dos *Gerais*, pela leitura desse mundo que escapa das mãos, seguindo um conceito de documentário que explica para confundir, ou confunde para explicar[227], e que busca caminhar mais pela estrada de terra do imaginário de personagens e espectadores do que pelo asfalto confortável das certezas prévias, como ensinou o cineasta Eduardo Coutinho[228].

*****

---

226   CERQUEIRA. *O "povo" parente dos Buracos*: mexida de prosa e cozinha no cerrado mineiro.

227   Com Tom Zé: "Tô bem de baixo prá poder subir / Tô bem de cima prá poder cair / Tô dividindo prá poder sobrar / Desperdiçando prá poder faltar / Devagarinho prá poder caber / Bem de leve prá não perdoar/ Tô estudando prá saber ignorar / Eu tô aqui comendo para vomitar / Eu tô te explicando / Prá te confundir / Eu tô te confundindo / Prá te esclarecer / Tô iluminado / Prá poder cegar / Tô ficando cego Prá poder guiar (…)"

228   Em entrevista à Revista Sinopse, Coutinho diz que "(…) a minha hipótese é a de que o documentário não forçosamente informa e muito menos educa. O documentário tem que deixar as coisas abertas para que o público pense. E, portanto, eu não estou à procura da verdade, eu estou à procura do imaginário das pessoas". OHATA, Milton. *Eduardo Coutinho*.

Já nos primeiros dias de trabalho, ainda em Paredão de Minas, a dinâmica das filmagens ao raiar do dia e ao final da tarde, escapando de um sol de tapar os olhos, câmeras e respirações, nos fazia começar a entender esses aspectos imprevistos do envolvimento da literatura com uma vila de aproximadamente 100 moradores e a 70km de uma estrada de terra a se vencer para chegar ao centro urbano mais próximo. Câmera única, planos fechados nos personagens, proximidade entre equipe e entrevistados, uso da luz natural ou ambiente, interferência externa de ruídos ou entradas no quadro. Olhares e silêncios se cruzavam por dentro do vilarejo, enquanto o Rio do Sono formava sua melodia silenciosa acompanhada por palavras entremeadas pelo tempo do garimpo, afetividades ligadas à pesca, ao dia de São Sebastião que já vinha vesprando.

Ainda mais importante nessas primeiras conversas dentro da casa no meio da *rua do Paredão*, meio atordoados pelo banzo impraticável do horário do almoço, era ver o mapa deslizando em cima da mesa achando caminho por conta própria e a literatura se arrastando como o *delírio* que move as "palavras de um centro a outro do universo"[229]. Literatura que dança no cotidiano, o corpo solto, o baile no meio da rua onde Diadorim morre em luta com o pactário Hermógenes, a conversa com o pescador sobre os melhores caminhos do rio, a personificação da oração coletiva de início da noite no meio da rua, o festar do São Sebastião, a solta do foguete e o sussurro entre velas acendidas debaixo da cruz: 'mulher que vestia de homem, ah, existia!', 'eu mesma já capiei'...

A cada conversa ao longo do nosso percurso, a história de Diadorim e a do *Grande Sertão: veredas* pareciam mesmo metamorfoseadas em causos típicos do sertão, circulando entre outras narrativas rotineiras, em um mesmo estatuto de verdades ("escrever a história e escrever histórias pertencem a um mesmo regime de verdade"[230]). Aquele ar de "ruínas de antigas narrativas"[231] permitiria circular ao mesmo tempo o causo da pedra de curisco de Joaquim e tantos outros, como aquele do Reinaldo, que 'na verdade era feminino, era masculino', que chegavam nas pessoas de múltiplas formas, seja pela gravação de uma minissérie da Rede Globo nos 1980, no caso de Paredão; seja pelo mistério da passagem de um escritor em outras bandas do médio São Francisco; na hipótese se teria passado

---

[229] DELEUZE. A literatura e a vida, p. 9.

[230] RANCIÉRE. *A partilha do sensível*, p. 58.

[231] BENJAMIN. *Magia e técnica, arte e política*: ensaios sobre literatura e história da cultura, p. 209.

ou não na barra do rio de lá a cavalo; se encontrou ou não com alguém; seja por viajantes de fora que chegavam por ali por curiosidade literária e contavam sobre a história de um sertão veredas; ou por livros perdidos nas estantes; de ossos enterrados por baixo de igreja onde Diadorim foi batizada; por um Manuelzão, meio em carne e osso, meio literatura e mito, que volta e meia perambulava pelos *Gerais* contando suas histórias; ou pelo menino que corria para uma casa em Jequitaí atrás de um bolo de mandioca e voltava com um livro Grande Sertão autografado por Rosa, o que levou a família inteira por anos e anos a lê-lo em voz alta.

A surpresa da experiência de campo reconfigurava o que se poderia devanear sobre as relações dos *Gerais* com o "monstro rosiano", a insuspeita interação do "pensamento selvagem" do interior mineiro com a "beleza selvagem" da invenção literária de Guimarães Rosa[232]. Literatura que conserva sua força em um movimento infinito da memória e da linguagem, assim como a história oral, a narrativa benjaminiana que "se assemelha a essas sementes de trigo que durante milhares de anos ficaram fechadas hermeticamente nas câmaras das pirâmides e que conservam até hoje suas forças germinativas"[233].

Texto literário, narrativa oral: o jogo de *Gerais da Pedra* vislumbrava esse encontro de linguagens, tendo Diadorim como a figura que corporifica a indeterminação da ficção, o aspecto "imaginário", como nas narrativas que "não se entregam" dos contadores de histórias, aquelas que "não se encerram, continuam por muito tempo"[234]. Para dar também o nosso próprio empurrãozinho no rochedo e vê-lo desabar deslumbrante pelo penhasco, o desejo latente para a realização do filme foi misturar a literatura rosiana com a realidade do sertão contemporâneo. E, se é quase irresponsável mexer com monstros ou catapultar pedras barranco abaixo, o que seria dizer, viver, viajar e filmar perigosamente pelo sertão mineiro guiado pelas neblinas de Diadorim?

---

[232] Em *Genealogia da Ferocidade*, o escritor e ensaísta Silviano Santiago vislumbra o livro *Grande Sertão: Veredas* de Guimarães Rosa como um rochedo que despenca do alto da montanha. Ao mesmo tempo distraída e enfurecida, a pedra rola para esborrachar e arrasar os trilhos por onde sacolejava o trenzinho caipira da literatura brasileira. A metáfora da pedra em queda livre produz o efeito de estraçalhar sobretudo a crítica literária que ao longo dos anos tentou domesticar o "monstro literário de Rosa", segundo Santiago.

[233] BENJAMIN. *Magia e técnica, arte e política*: ensaios sobre literatura e história da cultura, p. 204.

[234] Idem.

A *reversibilidade*[235] chegava até aqui para formular novas perguntas que o próprio trabalho de campo jogava perplexamente em nossa frente: qual seria o ponto de vista do nativo sobre a literatura? Ou, o que acontece quando o sertanejo "inventa" Guimarães Rosa[236]? Quem é Diadorim para a dona do cartório em Itacambira?, 'Essa história eu gravei bem, isso me encantou! D'ele amar esse homem e na finalidade esse homem não era homem, era mulher (...) A igreja que ele falou, a igreja de Itacambira, toda vida existiu, trezentos e tantos anos, com essas múmias, com tudo, com a pia batismal que ele diz. A gente também fica pensando: põe uma interrogação!'. O que acontece quando o fazendeiro "d'os Porcos" conserva sua fazenda romanticamente aos modos da cultura do gado ao invés de investir em plantações de eucalipto; quando, ao mesmo tempo que crava que o Grande Sertão é uma trama inventada, diz que 'tudo leva a gente crer que Diadorim cresceu aqui', mergulhando na história já desabada em lágrimas: 'eu imagino às vezes [Diadorim vivendo na fazenda] e até me emociono. Embora seja ficção.'? Ou quando ele brinca com sua esposa, nativa dos "gerais de Lassance", chamando-a pelo apelido Maria Deodorina? O que passa na cabeça de um dos moradores de Paredão de Minas que caminha lentamente pelo cemitério da vila para conjecturar sobre a morte de Diadorim?

Em outras palavras, esse é o sentido "reverso", "rotativo", "inventivo", "simétrico" ao qual nos propomos discutir sobre os temas entre a relação da literatura rosiana e o *sertão do mundo*, entre mundos da *oralidade* e da *escrita*, ou pontos de contaminação do *livro* e da *narração*. Assim, esses pontos de comunicação saem de vez do estatuto interno da literatura e de sua condição intrusiva, para entrar em estado de erupção. Mergulhando mais ainda na metáfora geofísica, uma literatura que escapa à superfície levando sua lava quente e imprevisível, e o material magmático flui entre as camadas do livro remexendo o "vivo da história" para formar novos coloridos expelidos na paisagem. O conceito pode ser aqui traduzido por ressignificação, ou por "linhas de fuga criadoras"[237] formando solos tenros para outras histórias.

---

[235] Além de Antônio Candido, em *O homem dos avessos*, José Miguel Wisnik também trabalhou com esse termo, que iremos detalhar no próximo capítulo. Em certa medida, a *reversibilidade* se aproxima do conceito de Roy Wagner sobre a "antropologia reversa".

[236] Lembrando que o conceito de "invenção" de Wagner parte da premissa que todo esforço para conhecer outra cultura deve no mínimo começar por um "ato de invenção": "E é por isso que vale a pena estudar outros povos, porque toda compreensão de uma outra cultura é um experimento com a nossa própria cultura". WAGNER. *A invenção da cultura*, p. 61.

[237] DELEUZE, GUATTARI. *Mil Platôs*: capitalismo e esquizofrenia 2, vol. 1.

Na igreja assentada entre as neblinas da Serra do Espinhaço, assistíamos a pia batismal feita de madeira se distinguindo de qualquer outra igreja, colorindo-se de rosa, amarelo e azul. A antiga dona do cartório da cidade, com risos de mistério e olhos perplexos, remexe nos livros antigos de batismo, 'só por curiosidade', procurando por "Maria Deodorina da Fé Bettancourt Marins – que nasceu para o dever de guerrear e nunca ter medo, e mais para muito amar, sem gozo de amor".

O dono de um bar em Lassance, entre a entrega de um prato feito e outro, diz que 'Guimarães Rosa era um guerreiro, andava aí p'los esses matos todos'. A própria corruptela de Diadorim foi se transformando vivamente entre recados pelas enunciações das pessoas que já ouviram de alguma forma aquele nome, 'Tiodorim era mulher ou era homem, não sei, como é que é?, eu sei que ela vestia de vaqueiro e fingia, eu entendo muito pouco'. Hipóteses, elucubrações, em conversas de quintais com doces por cima da mesa, 'Vestia de homem porque senão não sobreviveria nesse sertão brabo aí. Mas tudo acontece um dia, então não é impossível não (...) Que correu atrás, pode ter corrido. Sempre existiu essas pessoas mais pra frente, mãe foi uma delas...'

Ou entre conversas fora da câmera surgiam outras estórias de tiroteios, "tiros que o senhor ouviu", no mesmo vilarejo onde Diadorim e Hermógenes travaram a batalha final de Grande Sertão. Em relatos que expõem a vivacidade das balas trincando pelas janelas e os meninos assustados escondendo debaixo das camas. O "contar causo" que explode dentro dos ouvidos dentro do carro repentinamente pela estrada que liga o Paredão de Minas a Buritizeiro, quando o senhor já de idade fala lentamente, antes do cano de descarga desabar mais uma vez no chão da terra.

"Aquilo que não havia, acontecia"[238]

O sentido reverso no qual nos embasamos incorpora aqui a paisagem teórica modelada ao longo desta pesquisa, desde a antropologia reversa de Roy Wagner, que considera que todo ser humano é antropólogo, "um inventor de cultura", reconhecendo sua condição de observador e observado; passando de forma similar à antropologia simétrica de Latour, por um tratamento simétrico entre "nós"/ "eles", o que significa dizer que tal como "nós", os "nativos" vivem conforme os pressupostos que

---

[238] ROSA. *Primeiras estórias*.

eles mesmos inventam sobre eles mesmos e sobre "nós"[239]; e, ainda no mesmo estrato conceitual, a motivação de Viveiros de Castro ao propor uma "rotação de perspectiva", já abordada em outros momentos em nosso percurso: "Não poderíamos efetuar uma rotação de perspectiva que mostrasse que os mais interessantes conceitos, problemas, entidades e agentes propostos pelas teorias antropológicas se enraízam no esforço imaginativo das próprias sociedades que elas pretendem explicar?"[240].

Se uma "entrevisão" de mundos sugerida por José Miguel Wisnik permite a mediação entre a oralidade e a escrita, obedecendo ao princípio fundamental do *recado*, ou seja, de que "algo passa de alguém a outro através de outrem"[241], o que acontece então se expandirmos o "recado rosiano" pelas *geografias* que escrevem o sertão na contemporaneidade? No mesmo tom perguntaríamos mais uma vez, com Antonio Candido: "Qual a influência exercida pela obra de arte sobre o meio?"[242], ou com Jacques Ranciere: "Quais são os vínculos entre a História na qual estamos "embarcados" e as histórias contadas (ou desconstruídas) pelas artes narrativas?"[243]; ou ainda, "como compreender que os enunciados poéticos ou literários 'ganham corpo', que tenham efeitos reais, ao invés de serem reflexos do real?"[244].

A partir da ideia originada pelas hipóteses tratadas neste trabalho, e ainda refiguradas pela produção do documentário de *Gerais da Pedra,* a visada aqui propôs romper o limite do corpo literário em sua relação com a recepção e circulação desses "recados". Da torção do discurso, diríamos que o movimento de sua reverberação faz o caminho dar a volta por onde surgiu. Um *devir* nesse espaço *movimentante*, exatamente na "terceira margem", no entrelugar potencializador da relação entre a obra rosiana e o mundo infinito do sertão. *Corpos que bailam*, circulam e misturam enunciados literários e enunciados "nativos", gerando efeitos reais no *Gerais*.

---

[239] Baseado nos pressupostos de Bruno Latour, Viveiros de Castro discute de forma única a relação entre "antropólogos" e "nativos", no artigo "O nativo relativo". Algumas dessas ideias iremos abordar com mais atenção no próximo capítulo.

[240] VIVEIROS DE CASTRO. *Metafísicas Canibais*, p. 20.

[241] WISNIK. Recado da viagem, p. 161-162.

[242] CANDIDO. *Literatura e sociedade*: estudos de teoria e história literária.

[243] RANCIÈRE. *A partilha do sensível*, p. 54.

[244] Idem.

O movimento do "S" (da *dansa*) que se livra do "pezinho do cedilha que amarra a palavra", destacado no início do capítulo, é também movimento da linguagem, como o "S" da estrada por onde "começa a grande frase" em uma das novelas do Rosa – "O Recado do Morro"[245]. Grafado também na terra, ("Desde ali o ocre da estrada, como de costume, é um "S"), a sinuosidade do *recado* é percorrida pelo deslocamento dos corpos dos personagens pelo chão, pela terra, pela geografia, como notou José Miguel Wisnik[246].

Assim, desde a dansa performática e catártica do nascimento de Diadorim por Itacambira ao rito de encerramento pelas trilhas de imersão de Seo Joaquim, *Gerais da Pedra* (um *corpo em baile*, ao mesmo tempo um *corpo ao suceder*) quis também *ser vida*. Plasmado em uma *terceira margem de experimentação* entre a forma interna do livro (*sertão da linguagem*) e sua forma externa (*sertão do mundo*), a proposta cinematográfica e afetiva procurou amplificar os ecos da literatura, escapulindo para fora da moldura do livro (entrar e sair da toca). Como se o *livro* e a *narração*, tema muito bem elaborado pela pesquisadora Clara Rowland[247], ou a *oralidade* e a *escrita*, no caso de Wisnik, entrassem em relação agora por um movimento de "remexer vivo" do que já foi dito. Rede de "enunciados" que continua a ecoar pelo sertão, "recados" que circulam, passam de um ao outro mudando a cada vez seu sentido, um jogo de circularidade *movimentante*, literatura que escapa pelas bordas, expelindo a vida.

---

[245] ROSA. *Corpo de Baile*.

[246] "(...) num lance sinuoso de esses significantes ('sem que se saiba, conseguiu-se rastrar pelo avesso') 'começa grande frase': viagem pela literatura, linguagem viajante, recado". WISNIK. Recado da Viagem, p. 163, *grifos do autor*.

[247] O trabalho de Clara Rowland descarrega um instigante curto-circuito entre a autoria e a recepção em Guimarães Rosa, em que o processo da releitura e outros elementos paratextuais das obras (como os "índices de releitura" em *Tutaméia*, a parábase como elemento articulador em *Corpo de Baile*, ilustrações de *Sagarana*, etc) têm papel fundamental de prolongar o livro, "além do seu limite, num movimento regressivo em direção ao seu centro". Analisado de forma original pela pesquisadora, o tratamento reflexivo do processo narrativo em Guimaraes Rosa questiona o "livro como figura de uma totalidade concluída e apreensível". Tal impasse em torno da legibilidade que a ficção do escritor persegue – de um mundo movente, de uma forma não concluída – se dá pela articulação entre as dimensões do livro (e sua materialidade) e da narração (vinculada ao contador de histórias). ROWLAND. *A forma do meio*: livro e narração na obra de João Guimarães Rosa.

INTERLÚDIO III

– E naquela época as mulheres eram danadas mesmo, lutavam mais os homens, nas guerras, faziam tudo. E essa Diadorim, diz que ela tava no meio da turma como homem – ninguém descobria que ela era mulher – como homem, no meio. Vestia como homem, andava como homem, arriava cavalo, montava, guerriava com eles, lutava com eles onde precisava. Tirava o revolver: atirava! Tudo ela fazia, igualzinho igual um homem.

E ele apaixonou por ela antes... ele via aquele homem bonito fazendo aquilo tudo e ficava encabulado, né? Um homem lá dentro da estória – que eu não tô lembrada o nome... Esse personagem, ele encantou com a Diadorim! Encantou com esse homem que tava no meio da turma. Dormia junto... se isso é verdade, ela dava seu jeito dela (risos), pra não aparecer, né? Ela dava seus jeitos dela.

Aí quando fala que ele veio por essas estradas. Fala por todos os lugares que ele passou, inclusive Peixe-Cru. Chegando em Itacambira descobriu que ela foi batizada na pia batismal. E tudo tem: tem a igreja de Itacambira, tem os restos mortais que tão aí! Lá na igreja, cês viram né? Pessoas que se enterravam...

Agora, os livros de óbito de igreja falam: 'fulano de tal morreu lá em Capela dos Mangues', a setenta quilômetros daqui, veio e trouxe e enterrou lá na igreja de Santo Antônio de Itacambira. Por quê? Porque antigamente não tinha cemitério, cemitério foi criado depois. A fé do povo era de quem enterrasse na igreja ressuscitava, quem enterrasse fora da igreja não ressuscitava. Era a fé do povo, a crença.

--

Eu penso assim, ele deve ter feito naquela época um levantamento, uai!, de alguma coisa, dessa vida dessa pessoa. Ele fez um levantamento da vida dessa pessoa. E achou o batistério dela aqui, não sei. Só que eu procurei, quando os livros [de batismo] estavam comigo e não achei. Procurei e não achei não (risos), curiosidade minha, não achei não.

--

A gente não sabe, muita coisa pode ter deixado escrito, muita coisa não ficou escrito. E aí o povo vai levando só na conversa, na estória do povo, no contar *do povo antigo, o povo antigo é que contou, os mais velhos vão contando para os mais novos, vai levando. Mas tem muito ponto que é verdade, os lugares que ele falou, que ele passou, tem! Existe. A igreja que ele falou, a igreja de Itacambira, toda vida existiu, trezentos e tantos anos, com essas múmias, com tudo, com a pia batismal que ele diz. A gente também fica pensando... põe uma interrogação: Que ponto que é verídico, que ponto que... Mas tem muita coisa verdadeira, esses lugares que ele marcou tudo existe. Naquele tempo eles andavam de burro, de tropa, uma turma. E tinham as guerras.*

--

Mulher valente é essas que tomam as decisões e vai e faz. Aqui tem, tinha muita mulher valente. Eles falam de Diadorim, eu vejo muita mulher lutadora, valente, Rita Homem, essa é do meu tempo, Rita Homem montava no cavalo, esporava o cavalo, corria. Ela morava num lugar chamado Brejo das Almas.

Ela vinha, chegava nas vendas, puxava um cigarrão, tirava aquele negócio de tirar fogo com a pedra, fazia assim – acendia o cigarro. Mandava por um meio de pinga assim: tomava! Cruzava as pernas com as esporonas, ninguém mexia com Rita Homem, ela tinha o nome de Rita Homem, era danada.

Só que ela não era essa mulher má, brigadeira. Ela tinha o jeitão dela de ser, ela não era má, ela não brigava com ninguém, não puxava revólver pra ninguém. Era uma mulher assim, dessas mulher que sabe pegar uma sela, arriar um cavalo apertado, montar, correr atrás do boi, trazer no curral. Ela era esse tipo de mulher. É uma mulher valente, né? Nem toda mulher tem coragem de fazer isso. Eu, pra mim, é valente!

E se chegasse na hora, uma necessidade dela lutar, ela tinha coragem de lutar. Se ela tinha coragem de fazer isso, ela fazia.

Essa eu conheci. Eu gostava de ver ela chegar a cavalo, bonitona assim. Tinha uma venda aqui, ela mandava meio copo de pinga e não bodeava, ninguém via ela tonta não, num ficava bêbada não, era só um pouquinho que ela tomava.

Por isso que eu falo: tem muita mulher valente no Brasil. Essa dona que morou aqui, Concórdia dos Ribeiros, essa era mulher valente, sabida e não gostava de injustiça...

--

Cês desculpam que eu já tô na idade de esquecimento... Mas essa história eu gravei bem, o amor desse personagem, isso me encantou! D'ele amar esse homem e na finalidade esse homem não era homem, era mulher.

Eu só sei que quando foi um dia, numa luta, ela morre. E naquele tempo as pessoas usavam dar banho, tirar a roupa da pessoa depois que morre, dar banho para poder enfeitar, enterrar bonitinho, tinha aquela preocupação toda. E quando vai destampar o tal do homem, tirar a roupa do homem: o homem era uma mulher! Aí é que ele descobre. Por isso que ele apaixonou por ela, por esse homem. Mas na verdade era uma mulher. O nome era esse: Diadorim.

(Dona Coló, Itacambira/MG, aos pés da Serra do Espinhaço)

GIRO DOS CORPOS

Mas tudo nesta vida ia indo e variava, de repente: num balanço de vai-vem, no furta-passo de uma contradansas, vago a vago

GIRO DOS RECADOS

Quando indicava ao final do último capítulo o potencial de uma expansão do princípio do "recado" formulado por Wisnik e o plano de tensionar ainda mais a relação entre oralidade e escrita sugerida por Clara Rowland, propunha compreender também os discursos que *precedem, irrompem* e *sucedem* a obra de Guimarães Rosa (sejam falados ou escritos) como uma "série de acontecimentos". Em *A Arqueologia do Saber*, Michel Foucault potencializa o trabalho metodológico no campo da análise do discurso ao empreender uma "arqueologia" do *enunciado* em sua dispersão de acontecimentos: "dispersão temporal que lhe permite ser repetido, sabido, esquecido, transformado"[248]. A partir do que esboçamos anteriormente e do que já foi amplamente discutido neste trabalho, o que nos interessa é justamente experimentar a perspectiva foucaultiana dos "jogos de relações" entre os enunciados no contexto do sertão mineiro: narrativas orais, narrativas literárias, apropriações dessas narrativas, dispersão de discursos elaborados a partir delas, irrupções de acontecimentos, repetições de discursos e suas transformações, etc. Enunciados sempre em relação:

> (...) um enunciado é sempre um acontecimento que nem a língua nem o sentido podem esgotar inteiramente. Trata-se de um acontecimento estranho, por certo: inicialmente porque está ligado, de um lado, a um gesto de escrita ou à articulação de uma palavra, mas, por outro lado, abre para si mesmo uma existência remanescente no campo de uma memória, ou na materialidade dos manuscritos, dos livros e de qualquer forma de registro; em seguida, porque é único como todo acontecimento, mas está aberto à repetição, à transformação, à reativação; *finalmente, porque está ligado não apenas a situações que o provocam, e a consequências por ele ocasionadas, mas, ao mesmo tempo, e segundo uma modalidade inteiramente diferente, a enunciados que o precedem e o seguem.*[249]

O enunciado faz parte também desse material magmático que irrompe de modo inesperado e súbito levando à conformação de uma *paisagem dos acontecimentos*. Repetição, transformação, reativação. No caso da li-

---

248 FOUCAULT. *A arqueologia do saber*, p. 28.
249 FOUCAULT. *A arqueologia do saber*, p. 31-32, *grifos nossos*.

teratura de Rosa, o enunciado literário está vivamente ligado a "situações que o provocam", já que está em grande parte baseado no mundo oral que o originou ("enunciados que o precedem"), e também às "consequências por ele ocasionados" – o corpo do livro em movimento, girando, os *corpos em baile*. Ou seja, enunciados literários ligados por jogos de relações com outros "acontecimentos", não só relativos a outros textos (possíveis elementos intertextuais), como também a outros dispositivos artísticos (cinema, teatro, performances) e, no que tange o nosso interesse específico, a "enunciados que o seguem": atuações e experimentações no território geraizeiro (eventos, organizações, entidades, mobilizações) e reverberações espontâneas no próprio mundo da oralidade.

Situações "estranhas"[250] provocaram a enunciação literária de Rosa: conversas ouvidas na porta da venda de seu pai em Cordisburgo, escritório ao ar livre de estórias e de memórias do miguilim-escritor ainda criança em frente à estação de trem da cidade, ou as vivências com os vaqueiros na Boiada de 1952 e os causos de Manuelzão, por exemplo. Ainda, os percursos feitos de *jeep* próximos à fazenda Sirga, no "rancho do Joãozinho, no porto do 'Rio de Janeiro'", onde avistava o Rio São Francisco barrento recebendo o Rio de Janeiro de água verde e ia anotando em seu caderninho de campo os detalhes das "canoas escavadas de pau-d'óleo", as "flores roxas de olho-de-boi", o canto do nhambú[251]. E realçava no caderno a fala de alguém que "mora longe, nos gerais de Lassance", e do padrinho que não plantou arroz porque enviuvou e agora ia para os "Porcos", "nesse ôco de mundo": "Lá é bom por demais. É nos gerais. (Fica nos gerais de Lassance)"[252].

---

[250] Traços inesperados, controvérsias, forças "estranhas" que não temos controle, mas "agem mesmo assim", segundo Latour. "A ação não ocorre sob o pleno controle da consciência; a ação deve ser encarada, antes, como um nó, uma ligadura, um conglomerado de muitos e surpreendentes conjuntos de funções que só podem ser desemaranhados aos poucos. É essa venerável fonte de incerteza que desejamos restaurar com a bizarra expressão ator-rede". LATOUR. *Reagregando o social*, p. 72.

[251] Essas anotações no "diário de campo" do escritor são referentes ao dia 14 de maio de 1952. ROSA. *A boiada*, p. 39-40.

[252] As semelhanças dos escritos da caderneta desse trecho podem ser lidas no episódio do encontro entre Riobaldo e o Menino, no Porto do rio-de-janeiro: "Então ele foi me dizendo, com voz muito natural, que aquele comprador era o tio dele, e que moravam num lugar chamado Os-Porcos, meio-mundo diverso, onde não tinha nascido. Aquilo ia dizendo, e era um menino bonito, claro, com a testa alta e os olhos aos-grandes, verdes. Muito tempo mais tarde foi que eu soube que esse lugarim Os-Porcos existe de se ver,

E, depois da publicação dos livros de Rosa, da explosão do imaginário, do sertão imantado poeticamente, transformado, os enunciados literários provocaram também suas "consequências". A venda do pai foi transformada em museu, agora para contar as histórias do escritor; na área interna e em volta do museu, pelas ruas de Cordisburgo, gerações de crianças espalham os textos do escritor em voz alta, narrando, reexistindo a literatura, reinventando a cultura. Manuelzão, por sua vez, em carne e osso, continuou viajando por décadas pelo sertão, já também como personagem, metade ficção, metade vaqueiro, e de sua voz exalaram os causos com Joãozito e seu caderninho, adicionados a seu repertório particular: 'Ele vivia com ele na mão escrevendo, da mania de perguntar e anotar. – Eu tenho explicado isto para muita gente. Em muitas entrevistas que tenho feito, explicando que tudo ele tomava nota. (...) Ele [Guimarães Rosa] via uma árvore queria saber finalidade daquilo, via um capim num lugar mais seco e outro mais úmido, queria saber por que ele tinha secado e o outro tava úmido. Nome de passarinho, estas coisas todas queria saber'"[253]. Anos depois, inclusive, o múltiplo personagem inspirou o nome do museu da vila onde viveu, em Andrequicé, e virou símbolo para um projeto ambiental na bacia do Rio das Velhas, o Projeto Manuelzão. Fechando a inversão do parágrafo anterior, próximo ao encontro do de-janeiro com o São Francisco, como já dissemos, o atual morador d'Os Porcos, o qual entrevistamos em Gerais da Pedra, ia às lágrimas quando imaginava – mesmo que conscientemente imaginária, fictícia – Diadorim passando a infância na fazenda, brincando junto com os cavalos, o estilingue já armado, a arapuca, correndo para alcançar o barco antes dos outros.

Esses são só alguns dos exemplos dessas circulações, como uma *série de acontecimentos*. As atuações e experimentações (no caso dos núcleos rosianos) e reverberações espontâneas (no caso dos "espaços marginais", vivenciados em campo no trajeto de *Gerais da Pedra*) são responsáveis por criar um efeito motivado por "entradas múltiplas" na rede rosiana. Para esclarecer

---

menos longe daqui, nos gerais de Lassance. – 'Lá é bom?' – perguntei. – 'Demais...' – ele me respondeu; e continuou explicando: – 'Meu tio planta de tudo. Mas arroz este ano não plantou, porque enviuvou de morte de minha tia...' Assim parecesse que tinha vergonha, de estarem comprando aquele arroz, o senhor veja". ROSA. *Grande Sertão: veredas*, p. 118, *grifos nossos*).

253 Em agosto de 1993, a pesquisadora Mônica Meyer hospedou-se na casa de Manuelzão, em Andrequicé. O trecho citado aqui faz parte das entrevistas que ela realizou com o vaqueiro, retirado do livro *A Boiada* (MEYER. A natureza do sertão, p. 223-224), mas a maior parte delas encontram-se em *Ser-tão Natureza*. MEYER. *Ser-tão Natureza*.

ainda mais a tessitura dessa rede procurarei apresentar a seguir uma releitura espacial de instigantes conceitos formulados por José Miguel Wisnik, para sondar as possibilidades de expansão da "rede de recados" como uma "série de acontecimentos" da obra rosiana, para além de sua forma literária.

*****

A partir da leitura dos artigos "O Famigerado"[254] e "Recado da Viagem"[255] de José Miguel Wisnik, é possível compreender o processo enunciativo do princípio do "recado" na obra rosiana, segundo sua definição fundamental: "algo que passa de alguém a outro através de outrem". Segundo o crítico, uma "rede de recados" incorpora funções variadas ao longo da obra de Rosa, desde *Sagarana*, "atravessado de ponta a ponta por uma profusão de recados, dos quais a vida sertaneja depende a cada passo"[256]; passando pelos contos de *Corpo de Baile*, como "O Recado do Morro", em que uma mensagem de origem indeterminada transita entre "lunáticos" na qualidade de uma rede de recados repassada e enriquecida oralmente até ganhar a forma de uma canção, uma poesia cantada; chegando até o conto "Famigerado", de *Primeiras Estórias*, analisado com maior exaustão pelo crítico literário a partir do efeito cômico produzido pela interpelação de um jagunço matador à procura de um significado para a palavra "famigerado"[257].

Mas é a partir da ideia de que na transição entre o mundo não letrado e o da letra é o sertanejo "que fala" que José Miguel Wisnik vai procurar entender um *entrelugar potencializador na narrativa rosiana*, no qual *Grande Sertão: Veredas* é um "imenso recado"[258]. Recado que, vinculado

---

254   WISNIK. O Famigerado.

255   WISNIK. Recado da viagem.

256   WISNIK, José Miguel. O Famigerado, p. 190.

257   O efeito é cômico pela rede de ambivalências "condensada no duplo sentido antitético da palavra 'famigerado'". Os sentidos opostos da palavra deslizam entre *notável, benemérito e famoso*, por um lado, ao mesmo tempo que mal *afamado, perverso e obscuro*, por outro. WISNIK, José Miguel. O Famigerado, p. 181-182.

258   Esse modo de enunciação, segundo o crítico, é embrionariamente sugerido em "A hora e vez de Augusto Matraga", de *Sagarana*, e retorna com força em outros contos estratégicos, como "Famigerado" (uma "pequena glosa cômica") e "O espelho" (um "corolário metafísico"), ambos de *Primeiras Estórias*, e "Meu tio o Iauaretê" ("um palimpsesto mito-antropológico"), recolhido em *Estas estórias*.

à fala de Riobaldo, só chega ao leitor através da presença de um interlocutor letrado – "que escuta o rio oral e anota":

> Fazendo um falar através do outro, ou da presença tácita do outro, os dois mundos sociais, o sertanejo e o urbano, o arcaico e o moderno, se solicitam e se contaminam num lugar quase impensável. Podemos dizer que esse entrelugar é o aleph da obra de Guimarães Rosa, a invenção de um ponto de vista ou de escuta capaz de postular a incomensurabilidade entre duas culturas – separadas pelo limiar da escrita – como uma verdadeira "terceira margem"[259].

É assim, a partir do *recado* enquanto estrutura e matéria mais íntima da escritura rosiana, que é possível vislumbrar um "terceiro lugar" onde o mundo oral e o escrito se entreveem na obra de Rosa. Para Wisnik, esse "lugar impensável", "entrelugar" ou "terceira margem" da comunicação entre dois mundos pode ser visto de forma mais ampla como interrogação do destino da literatura e como interpretação do Brasil, seguindo um princípio de *reversibilidade* entre o arcaico e o moderno, o letrado e o iletrado.

A reversão à qual se propõe aqui, por seu turno, deseja apresentar uma *releitura espacial* dessas questões e sondar as possibilidades de expansão da "rede de recados" da obra rosiana a partir da torção do discurso e da circularidade da literatura no *sertão do mundo*. Isso significa apresentar uma releitura que mergulhe profundamente na terceira margem, naquele entrelugar proposto literariamente por Rosa, capaz de inventar "um ponto de vista ou de escuta capaz de postular a incomensurabilidade entre duas culturas"[260].

Coerentemente com as peculiaridades dos fios da "rede rosiana" em entrelaçamento apresentados anteriormente, seria preciso também ascender da dualidade relacional oralidade-escrita postulada por Wisnik para uma correspondência ainda mais complexa (como já havia sido imaginada para a relação antropólogo-nativo de Viveiros de Castro)[261]. As inter-relações se complexificam no *sertão presente*, pois as categorias de mundo letrado/não-letrado, cidade/sertão, civilizado/arcaico, urbano/rural, cultura/ natureza, encontram-se mais borradas do que nunca. Por

---

259 WISNIK. Recado do Recado, p. 5-6. Texto apresentado no evento "Infinitamente Rosa", em outubro de 2016, na Universidade de São Paulo. Ainda não publicado, o arquivo foi gentilmente cedido pelo autor.

260 Ibidem, p, 8-9.

261 Cf.: capítulo 2

um lado, o sertão já não é mais somente o mundo não-letrado, pois, como algumas lideranças da região vêm apontando, 'esse sertão que lê, esse sertão que escreve!' vem procurando encontrar também seus lugares não só de fala, mas também de leitura e escrita[262]. Por outro, o *lugar-sertão* está cada vez mais "em toda parte", inclusive nas cidades, nos "interiores dos lugares hipermodernizados", como bem encontrou Adriana Melo em "Sertões do mundo: uma epistemologia"[263].

E, no que tange aos limites borrados entre natureza e cultura, vale lembrar que a concepção de Viveiros de Castro sobre a teoria cosmopolítica ameríndia vislumbra um "universo povoado por diferentes tipos de agências ou agentes subjetivos, humanos como não-humanos"[264]. Assim, os deuses, os animais, os mortos, as plantas, os fenômenos meteorológicos, possuem a possibilidade ontológica de ocupar um "ponto de vista". O xamanismo ameríndio, por sua vez, seria um modo de agir, um certo ideal de *conhecimento*, onde *conhecer é personificar*, tomar o ponto de vista daquilo que deve ser conhecido – ou *daquele* que deve ser conhecido. Não à toa o antropólogo afirma que a questão é saber "o *quem* das coisas", lembrando a busca incessante do personagem Grivo no conto "Cara de Bronze", de João Guimarães Rosa[265]. Nesse conto, e também em vários outros momentos da ficção rosiana, o ponto de vista nasce extravagantemente da "rosação das roseiras", do "ensol do sol nas pedras e folhas", do "coqueiro coqueirando", da "baba de boi da aranha", do "que a gente havia de ver se fosse galopando garupa de ema", dos urubus e das nuvens "em alto vento: quando elas remam vôo", ou seja, da *"brotação das coisas"*[266].

---

[262] Ótimo exemplo é a recém-lançada Revista Manzuá. Já com duas edições publicadas, a revista nasceu no âmbito do Mosaico Sertão Veredas – Peruaçu. Na fala no fechamento do Encontro dos Povos de 2017, a coordenadora do Instituto Rosa e Sertão explicava, emocionada, um pouco sobre esse sertão que *lê e escreve*: 'Manzuá é o nosso primeiro projeto de palavra, de escrita, de desconstrução de crenças limitantes, de mostrar o que é o encantamento, o que é bonito nesse sertão, de mostrar que a dureza da vida é a pobreza, e existe outra que é a da alma (...) Cada texto aqui mostra esse sertão que a gente acredita. Vida longa à Manzuá! E essa revista chama Manzuá por causa da dança daquele povo ali, que me ensinou muito! A trouxa da manzuá é uma dança que traz conhecimento...'.

[263] MELO. *Sertões do mundo, uma epistemologia*.

[264] VIVEIROS DE CASTRO. *Metafísicas canibais*, p. 43.

[265] VIVEIROS DE CASTRO. *Metafísicas canibais*, p. 50.

[266] Fragmentos de "Cara-de-Bronze". ROSA. *Corpo de Baile*.

Diríamos que o pressuposto de uma *rede* que se queira *rosiana* deve seguir o caminho da invenção do ponto de vista e de escuta experimentado por Rosa através dessa terceira margem "entre duas [ou mais] culturas [e multinaturezas]", separadas pelo "limiar da escrita [e de cosmovisões]". De certa forma, o movimento do pêndulo apresentado no capítulo 2 já intencionava situar uma inteligibilidade *entre mundos* em múltiplo desenraizamento: o pêndulo que vai e volta obstinadamente pelo ar, movimento que anima a vivacidade do Cerrado, atravessa culturas e oralidades, passa pela literatura rosiana, para voltar ao sertão, oscilando até os atores sociais, chegando aos nativos, para voltar outra vez a ecoar pelo ar – sempre mudando "necessariamente de natureza à medida que (...) aumenta suas conexões"[267]. Ou seja, o vaivém do pêndulo opera como um "agenciamento" deleuziano. Ou, para dialogar rosianamente, ele é estimulado fundamentalmente pelo próprio balanço da vida: "tudo nesta vida ia indo e variava, de repente: num balanço de vai-vem, no furta-passo de uma contradansas, vago a vago"[268].

A dansa, o vago a vago, o balanço de vai-vem do pêndulo, aquilo que ia indo e vindo, vibrando pelo ar e *variava, de repente*. Portanto, a expansão do *recado da linguagem rosiana* nos permite entendê-lo estabelecendo relação com o *sertão do mundo*, construindo "circulações", "alianças", "conexões", capazes de "produzir efeito no mundo" – para recuperar o léxico de Bruno Latour. O *recado expandido* circula em um *circuito-rede*, onde as mensagens de naturezas diversas (rosianas, culturais, identitárias, ambientais, literárias, poéticas, emancipatórias, contestatórias, turísticas?) são passadas e repassadas (entre pessoas, coisas, palavras, pássaros, baruzeiros, comunidades, buritis, crianças, mediadores, caminhantes), através de diversas iniciativas (eventos, festivais, encontros de cultura popular, projetos culturais, sociais, ambientais). Deste modo, a *rede rosiana* funciona como uma grande cadeia (ou circuito), em formato de pêndulo, onde as ondas ("ar que dá açoite de movimento") fazem vibrar os *corpos em baile* entre si.

---

[267] DELEUZE, GUATTARI. *Mil platôs:* capitalismo e esquizofrenia 2, vol. 1, p. 20
[268] ROSA. *Corpo de Baile,* p. 359.

[ ]

#1 INT. DENTRO DA LINGUAGEM – DENTRO DA GEOGRAFIA

Aliás, como se acostumar com a ideia de que o primeiro livro de contos de um escritor cordisburguense publicado em 1946 "vibraria em intensidade"[269], quase 30 anos depois, com um lugar-território em carne e osso, Cerrado e mata seca, nas poeiras do primeiro assentamento rural de Minas Gerais?

Sabe-se lá como, alguns técnicos responsáveis pela realização do assentamento pelo INCRA em Minas, ali entre as margens de rios que deságuam no Urucuia – o São Miguel, o Marques, o Córrego do Brejo Verde -, ficaram perplexos percebendo a relação espacial da fazenda do Boi Preto com a bacia hidrográfica do "rio do amor". Talvez tenham verificado na carta topográfica a coincidência de Arinos/Barra da Vaca com aqueles desenhos de Poty na orelha de Grande Sertão: veredas. Ou talvez, como me foi contado, um dos técnicos tenha visitado o Museu Casa Guimarães Rosa, a mais de 500 quilômetros sul-sudeste, recém-inaugurado em Corsdisburgo, passado os olhos naquele nome bonito, S a g a r a n a, em algum exemplar histórico na estante da ex-venda do pai de Rosa, e pensado numa boa homenagem para aquele outro lugarejo do noroeste mineiro.

Fato é que, num balanço de vai-vem da demarcação de terras feita por funcionários do Instituto de Reforma Agrária em meados dos anos 1970, aquele termo-tributo que mistura o radical germânico "saga" (narrativa épica em prosa, ou história com acontecimentos marcantes) com o elemento "rana" (de origem tupi, que quer dizer "à maneira de", "típico ou próprio de"), ficou anotado assim no papel, em letras garrafais: Projeto Integrado de Colonização de Sagarana. E foram alguns anos até a vila se encher ainda mais de vida, de moradores, glebas de terra, a escola construída, o primeiro posto de saúde. E mais algumas décadas até a criação de uma Estação Ecológica Sagarana, para preservar uma boa área de floresta estacional decidual, a mata seca: exuberante no tempo-das-águas e cinza misteriosa no tempo de estiagem.

E, no furta-passo de uma contradansas, com a geografia ávida para ser lida e a literatura grávida para ser vida, José Riovaldo[270], um ativista político,

---

269 DELEUZE, GUATTARI. *Mil Platôs*.

270 Nome fictício. Todos os nomes citados doravante são fictícios, salvo exceções indicadas no texto. Mantemos os mesmos nomes inventados por Gustavo Meyer, em homenagem ao autor e aos próprios atores sociais e culturais do "território Arinos-Chapada". Cf.: MEYER. *O campo artístico-cultural em terras de Guimarães*: uma entrada para o desenvolvimento.

militante histórico do movimento estudantil e da igreja católica, nascido em algum recanto das terras do Rio Paracatu, depois de uma trajetória política desempenhada em sua região, decidiu romper alguns rios ao norte até chegar ao Urucuia e Carinhanha. Por lá já havia lutas históricas pelo direito da terra, movimentos como o de Elói Ferreira[271] e, mais recentemente, um esforço de algumas instituições para promover "desenvolvimento sustentável regional"[272]. O foco desse ativista foi partindo de Paracatu e irradiando para as bandas do Urucuia, onde, além de alianças com o movimento cultural e ambiental, redescobriu, pela memória, outros vínculos mais profundos:

JOSÉ RIOVALDO

'andando pela região, eu fui encontrando histórias que eu escutei na infância do meu pai e de fato a minha parentela do lado do pai é toda Urucuiana, coisa que a gente não convivia, sabia dessas histórias, mas não conhecia praticamente ninguém. Meu avô saiu da cidade de Manga, era tocador de Gado.

JOSÉ RIOVALDO CANTA

"Você me chamou tropeiro \ eu não sou tropeiro não \ sou arrieiro da tropa, Marculino \ o tropeiro é meu patrão"'.

Para encurtar o caso, nesse deslocamento pelos rios, novamente entre o Boi Preto e o São Miguel, a 20 quilômetros de estrada de terra de Riachinho ou a 15 de Uruana, estavam lá os "ésses" da linguagem e das geografias do povo de Sagarana. No esforço conjunto com outras lideranças regionais no início dos anos 2000, coube a tal líder político trabalhar a questão "cultural" da "proposta de desenvolvimento integrado territorial". Vasculhando um pouco mais, não demorou a se deparar com Guimarães Rosa. A torção do discurso veio com esse encontro da atuação política com a literatura e, a partir daí, o próprio conceito de "desenvolvimento sustentável regional", bem como outros termos da linguagem corrente das "políticas culturais", sofreram um abalo:

JOSÉ RIOVALDO

'A gente foi capturado, eu próprio fui'.

---

[271] Eloy Ferreira da Silva, antigo morador da comunidade do Ribeirão de Areia, distrito de Chapada Gaúcha, foi uma das mais importantes lideranças do sindicalismo rural do norte de Minas, assassinado por grileiros em 1984.

[272] Como, por exemplo, as já citadas ADISVRU – Agência de Desenvolvimento Integrado e Sustentável do Vale do Rio Urucuia e a Central Veredas de Artesanato.

(A LITERATURA CHAMA PARA DANSAR)

'Do núcleo Sagarana, a palavra Sagarana, me capturou, eu virei escravo, não consigo mais desvincular. Nessa questão da linguagem, da cultura, da língua mesmo como fator para plasmar a realidade, de forjar a realidade! Então a poesia, tudo isso da literatura, tem essa dimensão particular de nos fazer sonhar, de nos fazer sair das questões imediatas do cotidiano que vão nos aprisionando, nos domesticando, restringindo nossa mobilidade, seja nossa mobilidade física, seja mobilidade do pensamento, da mentalidade'.

(...)

[ ]

RECADOS DO GIRO

No emaranhado de uma "rede de recados", o Caminho do Sertão, como evidenciamos no capítulo 2, seria o exercício mais explícito do movimento desses corpos *em baile*, em "experiências de estranhamento", "desterro", em suas experimentações erosivas de corporeidade[273]. Exercício de antropologia reversa, prática para fazer girar os pontos de vista, experiência para confluência e metamorfoses de "outros".

Mecê, cipriuara, homem que veio para mim, visita minha; iá-nhã?[274]

Corpos distintos e em contato, dansando, *variando*. Se o ponto de vista está nos corpos, portanto, é a partir deles que se diferenciam as "categorias de identidade – indivíduos, coletivos, étnicas ou cosmológicas". E o Caminho do Sertão enquanto lugar arquetípico, inventado, forjado entre *Sagarana* e *Grande Sertão: veredas* – através de livros e lugares, literaturas e geografias – é o espaço de fazer girar os corpos. Entre o Urucuia e o Carinhanha, culturas, saberes, tradições; entre a rede fluvial de vales, vãos, vaus, veredas, caminho em ascensão para as chapadas; entre assentamentos de reforma agrária e um parque nacional, política, ambientalismo, movimentos sociais. Ou seja, caminhos no interior de entre-lugares diversos, onde os corpos (em suas diversidades) se movimentam e deslocam os pontos de vista entre si.

Virtualmente ou pontencialmente, o Caminho, o próprio caminhar, funciona como uma espécie de "cerimonial" da rede rosiana, ritual onde se dá o "fluxo" ou "troca" dos corpos. Menos como não-lugar turístico e mais como uma ilha no espaço e no tempo para praticar a diferença, um mergulho em uma terceira margem multi-afetiva. Corpos que giram, trocam de perspectiva, bailam, atravessam mundos, adquirem outros tipos de visão e de percepção: os "de fora" assumem o ponto de vista dos "de dentro", ativando a categoria nativa do "movimento", travessia como forma de conhecimento e interação; os "de dentro" caminham juntos com os "de fora", alterando também sua perspectiva, deixando de serem vistos e "visitados" para visitar, para observar, atravessar e serem atravessados.

---

273 CARDOSO. O olhar viajante (do etnólogo), p. 360.
274 "Meu tio o Iauaretê". ROSA. *Estas estórias*.

Neste sentido, uma ideia muito potente elaboradora pelos organizadores do Caminho, na edição de 2015, experimentava imaginar o evento como uma espécie de um *Grande Giro de Folia*. As folias, festas amplamente disseminadas nos *Gerais* e em outras partes do interior brasileiro, funcionam como um "grande circuito festivo" ou "peregrinação ritual" para homenagear os *Santos Reis*. Especificamente nas terras do Urucuia e do Carinhanha, as folias são verdadeiras festividades em (e do) movimento, como observado pela pesquisa de Luzimar Pereira[275]. Centrado na viagem dos foliões, os *giros* implicam uma "saída" de um lugar familiar (a casa do imperador), a "passagem" por lugares distantes (as casas de outros moradores, igrejas e cemitérios) e um "retorno" final ao mundo familiar onde tudo começou (a casa do imperador).

O "movimento" desloca "pessoas, palavras e coisas" durante um período de tempo determinado pelo calendário religioso, no qual os grupos de cantadores e instrumentistas visitam as casas, as fazendas, os cemitérios e as igrejas de um território previamente estabelecido. Os deslocamentos – os *giros* – são organizados com o intuito de coletar oferendas necessárias ao custeio de uma reza. Em troca do que é recolhido, os viajantes distribuem bênçãos aos doadores por meio de cantos e danças, além de auxiliá-los no cumprimento de suas promessas e contribuir para que almoços, jantares e bailes sejam oferecidos em suas passagens.

Ainda segundo Pereira, as folias são festividades em que "as trocas se tornam mais intensas", "os espaços se condensam" e a visão acerca das relações ganha um "brilho diferente" entre as pessoas participantes: os ternos (grupos de cantadores, instrumentistas), foliões (integrantes da folia), imperadores (patrocinadores dos festejos), moradores (a quem os foliões visitam), e até mesmo entre os mortos e santos (com quem os foliões e os demais interagem ao longo do *giro*)[276].

A ideia ventilada sobre 'o caminho como um grande giro de folia' pelas lideranças locais entre Sagarana e Chapada Gaúcha ainda não havia sido desenvolvida concretamente, e continua em suspensão. Na ocasião do Encontro dos Povos do Grande Sertão Veredas de 2015, na praça central de Chapada Gaúcha, o tema parecia desviar ou contrapor o incômodo e preocupação que a proposta de uma possível "rota de turismo" gerava coletivamente entre as várias pontas da rede. Nos

---

[275] Cf.: Pereira. O giro dos outros: fundamentos e sistemas nas folias de Urucuia, Minas Gerais.

[276] Idem.

primeiros anos do evento, nas cinco edições que contemplaram sincronicamente os passos desta pesquisa, o Caminho, a despeito de alguns escorregões e das vertigens da travessia, ainda se colocava basicamente como uma experiência de 'trânsito e visita', como havia sido discutido em 2015. Mas isso 'teria que ser construído e amarrado ao longo do tempo', onde 'o protagonismo dessas comunidades deve vir primeiro', dizia Cecília Lopes.

Ao se evocar a "Festa de Reis" naquela ocasião pensava-se também em questões mais amplas. Se a literatura já havia "capturado" os atores de "desenvolvimento" pela linguagem, a partir de uma língua 'capaz de plasmar a realidade', com os *olhos verdes tão em sonhos*, como os de Diadorim, os conceitos nativos das folias surgiam despretensiosamente para levantar novas e importantes questões, inclusive espirituais, sobre o evento. Giros que 'dependem das casas e da fé', explicava Cecília Lopes ao final do encontro de cultura em Chapada. 'Existe uma forma também que a gente modifica, a entrada e saída dessa casa', dizia. E pensando nesses 'trânsitos' e 'pousos', a sensibilidade deveria estar atenta ao que estava sendo construído e revivido 'nesse trânsito no meio de um grande giro de folia de cem pessoas'.

Dialogando com Cecília Lopes, José Riovaldo refazia uma autocrítica ao processo de produção do Caminho e propunha uma tomada de consciência: 'a folia de reis tem uma mensagem clara. Essa mensagem no Caminho ainda está sendo forjada, pelo menos o que está passando para as comunidades, talvez a gente esteja comunicando mais para dentro do que para fora. É algo que nós precisamos equacionar, nós deixamos uma mensagem aí. Vale a pena a gente voltar para investigar qual mensagem foi essa, mas nós deixamos, com nossos atos, nossos comportamentos, em cada lugar que a gente passou a gente deixou uma mensagem'.

Se a mensagem da Folia de Reis partia das vozes cantadas nos versos sagrados oferecidos aos Santos Reis, os "recados" do Caminho ou de uma *rede rosiana* são múltiplos e possuem uma infinidade de trajetos, discursos, destinatários, como já descrevemos neste trabalho. Além das folias, um outro "recado" também era propagado coletivamente, em forma de uma canção que acompanhava a caminhada entre o Urucuia e o Carinhanha. Durante as paradas, descansos, pousos e durante o próprio caminhar, a batida da música do compositor pernambucano, Siba, junto ao arranjo de metais, enunciava o seguinte refrão: *toda vez que eu dou um passo / o mundo sai do lugar.*

Vale lembrar que o Mundo, o Sertão, os Gerais não são como objetos mortos, não existem como lugares objetivamente determinados, onde simplesmente estão assentados seus elementos. São lugares impregnados por mundos, por produções de sentido. Existe, assim, o sertão-para-o-veredeiro, o sertão-para-o-jagunço, o sertão-para-o-garimpeiro, o sertão-para-o-gaúcho, o sertão-para-o-buraqueiro, o sertão-para-o-icmbio, o sertão-para-os-mediadores, o sertão-para-os-caminhantes, o sertão-para-guimarães-rosa. Agora multiplique a rede com todos os seus elementos... a literatura-para-o-caminhante (que lê/ouve e viaja), a literatura-para-os-mediadores (que leem/ouvem e agenciam), a literatura-para-os-nativos (que leem/ouvem e deliram), a literatura-para-o-cerrado (que ainda respira). E, assim por diante...

E caminhando e revirando o verso de Siba ao contrário, poderíamos ver que esses lugares são maleáveis, estão sempre em *"devir"*, em *"transformação"*, pois *toda vez que o mundo dá um passo* (mundos em deslocamentos), sou eu/somos nós que *saio/saímos do lugar*[277]. Toda vez que o mundo dos mediadores-literaturas-cerrados-caminhantes-nativos se movimenta, ele sai do lugar e atravessa outros mundos recíprocos. Tal movimento não é o relativismo que diz respeito ao mundo de cada um (o "mundo-para-o-sujeito"), e sim a *perspectiva* de um mundo ("o mundo-de-um-sujeito")[278]. O giro dos corpos e, consequentemente, o giro do mundo dos sujeitos, nos faz sair dos lugares e caminhar na areia seca do sertão, fazendo a própria perspectiva caminhar, deslocar, permitindo que "outros" se atravessem.

Mecê tá doente, mecê tá variando... [279]

Segue o giro, movimentam-se palavras rosianas, pessoas, literatura *sendo vida*, os mundos variando, o balanço dos buritizais farfalhando afetos. No cerimonial da *rede rosiana,* um terceiro "recado" (além dos

---

[277] É provável que eu deva essa experiência de pensamento a uma das inúmeras conversas com o professor e pifeiro Gustavo Meyer, entre um e outro espeto do Seu Manoel em Chapada Gaúcha, no "ano novo" fora de época que se tornou para nós e muitos parceiros o Encontro dos Povos do Grande Sertão Veredas. Entretanto, acredito que para Gustavo era o *mundo* enquanto um ente globalizado que dava grandes e desastrosos passos e, dando razão a ele, seria a partir desse movimento também que devíamos nos posicionar, sair do lugar.

[278] DANOWSKI; VIEIROS DE CASTRO. *Há um mundo por vir? Ensaio sobre os medos e os fins.*

[279] "Meu tio o Iauaretê". ROSA. *Estas Estórias,* p. 235.

giros de folia e dos versos de Siba ao contrário) ainda é enunciado pelo movimento dos pés. Pois o "movimento" é essencial na experiência de vida e prática geraizeira e novamente é preciso trocar as mãos pelos pés, como nos ensinaram personagens como Joaquim e tantos outros, a partir de corpos que se colocam em travessia.

Assim, um dos motes do Caminho – *"pelo Cerrado e suas culturas, de pé"* – nos remete a uma ideia capaz de duplicar a expressão "de pé". Por exemplo, para que um buriti se mantenha postado, *de pé*, como uma "coluna"[280] reinante na paisagem – sobrevivente e testemunha dos *Gerais*, cercado não só pela vegetação biodiversa que o acompanha, mas também de suas populações e suas culturas – é preciso também que nos movimentemos, *de pé*, como em um ritual de deslocamento, ou em um *grande giro de folia*, uma longa jornada festiva de encontros, afetos, desejos, onde *os mundos dão seus passos* – os corpos em baile...

---

[280] ROSA. *Corpo de Baile.*

[ ]

#2 EXT. NO MEIO DA RUA – ALTA MANHÃ

O nosso rio não tem começo nem fim, "mas sempre um meio pelo qual ele cresce e transborda"[281]. Um real que não está nem no começo nem no final, mas composto por desejos crescentes e transbordantes no meio da travessia. As hastes vegetais pivotantes do Cerrado seguem em direção ao chão, caules "onde as coisas adquirem velocidade", "riacho sem início nem fim, que rói suas duas margens e adquire velocidade no meio"[282]: uma terceira margem profunda entre afetos, desejos e sopros de vida que surgem de dentro da janela de uma casa baixinha que dá de banda para um baruzeiro no meio da rua em Sagarana,

VOZ DE MULHER

'virando à esquerda, môço!, antes da placa de quem vem de Uruana...'.

#3 EXT. CASECOS – DIA

A porteira aberta chama para a entrada, o chá de cidreira exala sempre quente da cozinha, os cachorros latem felizes convidando,

(CÃES LATINDO)

VOZ DE CRIANÇA

'vamos entrando!'

a rede dependurada margeia o quintal para descansar o mundo do corpo num milímetro de sombra.

#4 INT. CASECOS – CARTOGRAFIAS E CAFÉ DA MANHÃ

Livros jogados na mesinha de madeira, meninos tímidos em volta com rostos de descobertas, alguém puxa logo a cadeira porque a conversa vai ser longa. Vejo o mapa pregado na parede desabotoando-se como as páginas de um livro, cartografia sempre sendo desenhada e redesenhada por crianças de olhos brilhantes e velhos de longa caminhada que chegam curiosos. Mapa que pode ser rasgado para depois ser remendado, aumentando e desmedindo

---

281 DELEUZE; GUATTARI. *Mil platôs*, p. 43.

282 DELEUZE; GUATTARI. *Mil platôs*, p. 49.

representações. Qualquer um entra e sai como se entra e sai de um livro, de uma casa, de uma obra de arte, "um mapa é uma questão de performance"[283]*. Assim é a geografia de um canto de uma vila encrustada na poeira de uma cartografia que se expande amorosamente. Geografia que fixa corações no solo do lugar-sertão, extrai de uma literatura em delírio para absorver rios subterrâneos, sais minerais e encantamento.*

#5 EXT. CAMPO DE FUTEBOL – DIA

Para não entrar nem no início nem no final desse mapa, vamos mergulhar pelo meio, lançar as hastes dos galhos retorcidos para montar uma grande tela improvisada no campo de futebol no meio da vila, onde acontecia na primavera de 2017 a 1ª mostra Sagarana de Cinema, o CineBaru. Um ano antes, perguntava-se na mesma casinha amarela se seria possível reverter a ordem das coisas para fazer cinema a partir do sertão, pelo sertão e para o sertão; se era possível colher audiovisual direto do baruzeiro; se o campo de jogar bola da vila poderia ser sala de cinema; se a cultura do cerrado se expandiria por aí com suas raízes pivotantes; ou, simplesmente, se buriti combina com pipoca.

No ano seguinte, o sol esturricado derramava calores pelas paredes das casas e por cima do baruzeiro, generoso como sempre. Por baixo de sua copa densa e arredondada vislumbrava-se um banquinho, uma sombra quase sem nenhum vento, que, quando vinha, soprava leve seu bafo quente. Ao redor do banquinho pessoas conversando, Seu Cassu coletando a castanha do baru na casa vizinha, quintal de invadir mundos.

Era mais ou menos dentro deste contexto – sol, banquinhos e baruzeiro – que acontecia mais uma expansão da rede rosiana, alongando-se, rompendo-se, encompridando no meio da rua. Rede tecida em um antigo assentamento de reforma agrária já com sua comunidade e seu cotidiano, na velocidade que faz girar dentro do redemoinho uma literatura que serve de alimento, o Cerrado com seus frutos-flores-sementes, atores sociais e ex-caminhantes experimentando-se ao ar livre. Novamente, a palavra Sagarana era soprada como mantra pela quentura do vento, palavra encantada, abraçada, amuleto que se pega no ar. Algo ecoava, já muito além dessa palavra...

Idealizado por ex-caminhantes do Caminho do Sertão, a mostra de cinema cristalizava uma série de acontecimentos que nos últimos anos desatava nós por uma intensa aliança construída entre atores locais e grupos vindos "de

---

[283] DELEUZE; GUATTARI. *Mil platôs*, p. 30.

fora", e *pela aliança direta entre esses grupos e comunidades locais. A mostra movimentaria pessoas, sementes de barus, projeções em tela de cinema onde não havia cinemas, discussões sobre o Cerrado onde ele agoniza, espaços de encontro e escuta para as mulheres, produção de teatro onde ele é vida, oficina agroecológica onde o quintal já é integração de Cerrado com pessoas.*

(RECADO)

"Sem que se saiba, conseguiu-se rastrear pelo avesso"...

#6 INT. CARRO – NOITE

Como um "recado", agora o S de Sagarana já acompanhava a dansa, entrelace dinâmico entre geografia e literatura. Movimento da linguagem ("S que começa grande frase"), letra que grafa o caminho no chão de terra, fluxo que move por cima do balanço das rodas do carro a cada vez que se chega nessa vila no interior geraizeiro (e o "ocre da estrada, como de costume, é um S"). O coração pululando entre o sertão da linguagem, o sertão do mundo, o sertão da dansa dos corpos. Enquanto isso a sinuosidade da música – "muito além do céu"[284] *– estremece as caixas de som junto com as estrelas que voam para dentro do carro.*

[ ]

---

[284] Da canção *Trem de Doido*, de Lô Borges e Márcio Borges.

GIRO DOS EQUÍVOCOS

Recriações, performances, reformulações, ressignificações. Imprevisibilidade e acaso, adicionados a ações estratégicas de desenvolvimento, de fortalecimento comunitário, identitário. O mais importante e bonito, do mundo, parafraseando Riobaldo, é que as infinitas linhas dessa rede rosiana "não estão sempre iguais, (...) não foram terminadas", e a cada "eco", cada "variação", "evento" ou "série de acontecimentos", elas vão sempre mudando... "Afinam ou desafinam. Verdade maior"[285].

É importante reiterar a ideia de que a complexidade do envolvimento dessa "rede" se dá por encontros, relações, amálgamas. Isso teria e terá consequências fundamentais para se colocar *em relação* a categoria do "nativo" em tal contexto, pois, como aprofundou Eduardo Viveiros de Castro, o *nativo é relativo*[286]. Não é exatamente o "sertanejo", ou apenas ele, que atua. Por outro lado, não é apenas o antropólogo, o "ator social", ou ainda os de "fora", que projetam transformações. O que importa essencialmente nessa *rede rosiana* é o *"efeito da relação"* [287]: em outros termos, o *movimento do pêndulo*.

A alteridade discursiva perseguida por Viveiros de Castro escava "variações contínuas" para "proliferar as pequenas multiplicidades" e *imprecisar* fronteiras que une-separam, por exemplo, "pessoas" e "coisas", "nós" e

---

285 ROSA. *Grande Sertão: veredas*, p. 39.

286 VIVEIROS DE CASTRO. O nativo relativo.

287 As bases de tal conceituação podem ser colocadas nos seguintes termos, segundo o autor: "O 'antropólogo' é alguém que discorre sobre o discurso de um 'nativo'. O nativo não precisa ser especialmente selvagem, ou tradicionalista, tampouco natural do lugar onde o antropólogo o encontra; o antropólogo não carece ser excessivamente civilizado, ou modernista, sequer estrangeiro ao povo sobre o qual discorre. (...) O essencial é que o discurso do antropólogo (o 'observador') estabeleça uma certa relação com o discurso do nativo (o 'observado'). Essa relação é uma relação de sentido, ou, como se diz quando o primeiro discurso pretende à Ciência, uma relação de conhecimento. Mas o conhecimento antropológico é imediatamente uma relação social, pois é o efeito das relações que constituem reciprocamente o sujeito que conhece e o sujeito que ele conhece, e a causa de uma transformação (toda relação é uma transformação) na constituição relacional de ambos". VIVEIROS DE CASTRO. O nativo relativo, p. 113.

"eles", "humanos e não humanos"[288]. No nosso caso, seria preciso imprecisar também os "sertões da linguagem" e os "sertões do mundo", "sertanejos" e "citadinos", "comunidades tradicionais" e "Cerrado", "cultura" e "natureza". Como já dito anteriormente, "não se trata então de apagar contornos, mas de dobrá-los, adensá-los, enviesá-los, irisá-los, fractalizá-los"[289].

Portanto, as pontas dessa rede estão contorcidas por curvas complexas. O *nativo* muitas vezes é simultaneamente *ator* – ao se envolver em projetos diversos, reivindicar participação maior dentro das iniciativas locais e instituições, exigir determinadas garantias à região. E grande parte dos *atores* é também *nativo,* deslocando-se ativamente entre municípios e bacias hidrográficas. Em contrapartida, como vimos, parte dos *caminhantes* ("de fora") já são também *atores* que prolongam a rede, criam afetos com as comunidades, propõem criações coletivas. Ao alugarem uma casa e viverem por um longo período, ou ao adquirirem coletivamente um terreno agroecológico, de certa forma vão criando raízes, se aproximando daquilo que se diz *nativo* (lembrando a máxima de que "meu ponto de vista não pode ser o do nativo, mas o de minha relação com o ponto de vista nativo"[290]). O *nativo*, por sua vez, ao participar, por exemplo, do Caminho do Sertão, torna-se também *caminhante*, um *quase* turista (ou um turista relativo?), que viaja por dentro de suas próprias tramas. A literatura nativa, rosiana, cordisburguense, é, em parte, escritura da oralidade, história da estória; *literatura* que é também *ator-rede*, elemento "não-humano" transformado em um processo segundo o qual a realidade se corporifica. E, por fim, sendo *humano*, subjetivo, personificado, o *Cerrado* não seria também *ator, nativo, literário* e *caminhante*?

Essas contorções, curvas e dobras – o "cromatismo generalizado"[291] – começa a ficar interessante quando nenhuma das ramificações dessa *rede* consegue mais passar ilesa pela categoria do *afeto*. Os *afetos* seriam todas essas relações colocadas sincronicamente *em transformação,* a partir do encontro dos corpos, da partilha do sensível, dos compartilhamentos de desejos em comum. Tal afetividade cromática permite colorir e recolorir o sertão de multiplicidades, tonalidades de sentidos que se afetam como num caleidoscópio: coloração dos corpos, azulados de veredas, cultura geraizeira mergulhada na natureza contorcida das árvores do Cerrado, geografia física das veredas, buritis e chapadas pigmentadas pelo calor

---

288   VIVEIROS DE CASTRO. *Metafísicas canibais*, p. 28
289   VIVEIROS DE CASTRO. *Metafísicas canibais*, p. 28
290   VIVEIROS DE CASTRO. O nativo relativo, p. 123.
291   DELEUZE; GUATTARI. *Mil platôs*: capitalismo e esquizofrenia 2, vol. 1.

de suas geografias humanas, grafias literárias enunciadas por oralidades nativas, narrativas tingidas por encontros.

"*Não são as relações que variam, mas as variações que relacionam*"[292].

No cromatismo do *sertão do mundo*, os "atores" passam por debaixo do arco-íris atravessando afetos e rompendo-se em multiplicidade. O Cerrado varia a literatura, o "nativo" transforma o "antropólogo", ao mesmo tempo em que se transforma em antropólogo; a literatura volta a ser Cerrado, e assim por diante. *Noite essa, astúcia que tive uma sonhice: Diadorim passando por debaixo de um arco-íris*[293]. Contudo, o colorido do arco-íris, obviamente, não é tão harmônico assim, as cores borram a paisagem, a água da chuva também arde nos olhos e corpos. Como já dissemos, são línguas diferentes, mundos diferentes, desejos diferentes, anseios diferentes e justamente são essas *variações que se relacionam*.

Se os olhos de Diadorim são *"verdes tão em sonhos"*, eles são também de *"um verde que mudava sempre"*, oscilante, movimentante, "como a água de todos os rios em seus lugares ensombrados". Porque Diadorim também é sangue nos olhos. Assim, ora com *olhos verdes tão em sonhos*, ora com *olhos rajados de vermelho*, "nativos" nem sempre concordam com os "antropólogos". Ambos não fazem exatamente as mesmas associações quando, por exemplo, membros de uma comunidade redigem uma carta exigindo não serem meros 'espectadores de decisões que envolvam nossa memória, tradição e permanência em nosso território'. E se mediadores locais não falam rigorosamente a mesma língua dos nativos, a literatura de Rosa diz uma coisa para o fazendeiro, outra para entidades culturais e ainda outra para um mestre de cultura popular: 'não lemos grande sertão, somos grande sertão', como ouvi de uma liderança comunitária.

Com *olhos rajados de vermelho* também se estranham as próprias relações por dentro de um projeto "coletivo" que vai se desgastando, diluindo. Na constatação, por exemplo, de que "os de fora", "caminhantes", nem sempre estão totalmente de acordo com as ações das entidades, muitas vezes contestando (com a ironia do termo) a própria "rede contestatória"[294],

---

292 VIVEIROS DE CASTRO. O nativo relativo, p. 120.

293 ROSA. *Grande Sertão: veredas*, p. 66.

294 Conceituação tomada de empréstimo do trabalho de Gustavo Meyer. Vale lembrar que, no caso de Meyer, de certa forma, toda a rede contestatória é também rosiana – a literatura entra em performance estrategicamente nos discursos para ações locais, como proposição de uma contratendência de desenvolvimento. Mas no nosso caso, nem toda

ou ainda fazendo uma autocrítica do impacto derivado do envolvimento que se estabelece com os nativos.

"O senhor sabe: pão ou pães, é questão de opiniães...". E nessa *relação, ou nessa cadeia de recados*, onde muitas vezes o "telefone é sem fio", estranhamentos e ruídos se propagam o tempo todo – ervas daninhas adentram a vegetação, hierarquias se autoevidenciam, nós de comunicação se espalham como pragas, conflitos afloram. Enquanto a rede é fiada, as mãos se embaraçam, os olhos embaçam, lágrimas escorrem. As mãos suam frio, corpos dançam desengonçados e olhares se perdem. Os *corpos em baile* também escorregam, a dança é difícil. Será que sabemos mesmo dançar? Mesmo dentro do afeto soluçamos palavras, gaguejamos sentimentos.

E, mesmo assim, nesse viver perigoso, nessa travessia feita também de vertigem, seguimos o abismo dos encontros, o desejo voltando a reconstruir a aliança, tudo se movendo como um bailado, em perpétua negociação. Como é difícil agregar e "reagregar o social", para refletir com Bruno Latour! E, nesse labirinto embaraçado, o que sucede, se a disparidade de sentidos, a questão de opiniães, "longe de neutralizada por tal equivalência, for internalizada, introduzida em ambos [ou múltiplos] discursos e assim potencializada?"[295].

*****

Pois, *no furta passo de uma contradansas*, é preciso traduzir! Traduzir uma malha robusta de enunciados em relação, mescla de recados em atravessamentos que produzem, assim, um efeito de passagem, de travessia de signos, símbolos, significados e materialidades. Na contradansa, o trabalho de tradução é como uma língua em movimento que "transcoa o mel onde outras abelhas faveiam" segundo o conceito rosiano[296]. E para transcoar esse mel da alteridade, muitas vezes é preciso renunciar à fantasia de uma tradução perfeita, para incorporar seus ruídos, suas distâncias,

---

rede rosiana é contestatória – ou ao menos (ainda) não é contestatória, possui níveis distintos de contestação, se levarmos em conta outras atividades em Minas Gerais. De toda forma, no *núcleo grande sertão* – território Arinos-chapada – a rede contestatória/rosiana é praticamente equivalente. MEYER. *O campo artístico-cultural em terras de Guimarães*: uma entrada para o desenvolvimento.

295   VIVEIROS DE CASTRO. O nativo relativo, p. 115.

296   ROSA. Pequena palavra, p. 28.

suas inadequações. É preciso traduzir e escancarar as diferenças, habitar o desconforto, insistir na dansa, descobrir potências para alargar ainda mais o horizonte do chapadão – 'caminhar nas estrelas', alguém sussurra.

Traduzir nada mais é do que uma negociação contínua dos significados. É expandir e aprofundar uma língua através de outra. E também habitar a casa do *equívoco,* reconfigurando nosso pensamento por outro, como apontou Viveiros de Castro:

> O equívoco não é o que impede a relação, mas aquilo que a funda e a propele: uma diferença de perspectiva. Traduzir é presumir que há desde sempre e para sempre um equívoco; é comunicar pela diferença, em vez de silenciar o Outro ao presumir uma univocidade originária e uma redundância última – uma semelhança essencial – entre o que ele e nós "estávamos dizendo"[297].

Na profusão de traduções entre discursos artísticos, literários, sociopolíticos, tradicionalistas, veredeiros, ambientalistas, é preciso *instalar-se no espaço do equívoco e habitá-lo*, não para desfazê-lo, "mas muito ao contrário, para potencializá-lo, abrindo e alargando o espaço"[298] entre as linguagens conceituais, os sistemas de pensamento, as "questões de opiniães". A rede rosiana passa a ter também o compromisso com a mediação, tradução, comunicação, atravessamento e entrevisões de mundos. Seria como uma "lente de transvisão" e de "transescuta"[299] da oralidade, da escrita, da literatura, de nativos, de projetos, de instituições, do Cerrado, da cultura.

A questão de opiniães é que deve ser colocada em evidência, para povoar o "espaço em branco entre jogos de linguagem diferentes"[300]. O que pensa o nativo? O que os mediadores pensam que o nativo pensa? O que literatura de Rosa pensa sobre o que nativo pensa? O que o nativo pensa do caminhante? O que o caminhante pensa das entidades culturais? E assim sucessivamente. Portanto, o "entrelugar pontecializador" de uma *rede* que se propõe *rosiana* deve mergulhar também na terceira margem da "equivocidade", terceira margem onde, seja antropofagicamente, seja antropologicamente, só interessa o que não é nosso[301].

---

297 VIVEIROS DE CASTRO. *Metafísicas Canibais*, p. 91.

298 VIVEIROS DE CASTRO. *Metafísicas Canibais*, p. 90.

299 WISNIK. Recado do recado.

300 VIVEIROS DE CASTRO. Nativo relativo, p. 92.

301 Faço menção aqui à máxima de Oswald de Andrade: "Só interessa o que não é meu". Caberia também relacionar as "traduções equivocantes" de Viveiros de Castro à

[ ]

#7 EXT. PEQUENO REINO – DIA (VIRGULINO)

Meio que fazendo conexão por baixo do chão batido em Sagarana, a alguns metros do baruzeiro do Casecos e depois de passar em frente ao quintal de Seu Cassu, a próxima porteira aberta leva a uma pequena amostra do convívio de algumas árvores nativas do Cerrado entre si. Espaço para minicultivos e espécies frutíferas, oásis para a microfauna fugindo da seca do rio mais próximo. Os filamentos desse grande quintal-vegetal, chamado por seu guardião de "Pequeno Reino", podem produzir ainda outras conexões mais "estranhas", ainda mais belas, amorosas, políticas, como "arbustos subterrâneos e as raízes aéreas"[302].

Isso porque esse guardião, até pouco tempo atrás, era quem recebia todos que chegavam "de fora" para conhecer Sagarana, junto com outra colaboradora regional. Virgulino era o proprietário do pequeno reino e Lissandra tocava as atividades do Cresertão. Em uma das primeiras grandes reuniões de produção da 2ª edição do Caminho do Sertão, numa dessas tardes calorosas do sertão, Virgulino convidaria todos os participantes para visitar o seu Pequeno Reino. Como de costume, ele palestrava sobre o contexto de toda uma região 'em colapso' com as transformações trazidas pela chegada da plantação de soja, o aparecimento das carvoarias e as consequentes mudanças no regime hídrico e também nos regimes socioculturais. Enquanto caminhávamos dentro daquele microclima contrastante com o restante da vila, ele explicava:

VIRGULINO

'hoje a gente colhe isso aqui, esse clima é bem atípico, hoje
nós temos oito meses de seca, dois meses a mais do que antes.
O semiárido chegou, está aqui! O semiárido vai encostando
devagarzinho, vai mudando muito o clima...'.

E no fundo do terreno, na instalação feita para a carpintaria, mostrava os trabalhos que ele já fazia anteriormente em projetos do Cresertão com os jovens da região, a partir de ideias para uma 'educação de forma ampla aos alunos', 'alternativas para resistir'.

---

soma antropofágica de Oswald, "contribuição milionária de todos os erros", do *Manifesto Antropófago*. ANDRADE. *Poesias reunidas*.

[302] DELEUZE; GUATTARI. *Mil platôs*, p. 34.

[ ]

#8 INT. PEQUENO REINO – DIA (JOSÉ RIOVALDO)

Os filamentos em "regimes de signos muito diferentes" seriam lançados momentos depois, já dentro da casa centralizada no terreno. Logo após a trilha no meio dessa massa vegetal convivente, entravam, um por um, pela porta de trás da casa, caminhantes da edição de 2014, atores regionais, o guardião do terreno (também com importante atuação local) e algumas pessoas da comunidade de Sagarana. Aquela cena se repetiria com frequência nos anos seguintes, como algo que "conecta um ponto qualquer com outro ponto qualquer e cada um de seus traços não remete necessariamente a traços de mesma natureza"[303].

Enquanto isso, outro ator social, o ativista político de Paracatu, distribuía filetes de chapas de radiografia para todos – queria propor um jogo lúdico a partir do movimento plástico do material do raio x. As pessoas espalhadas pela sala de estar do Pequeno Reino brincavam com aquele filete plástico nas mãos, torcendo-o e retorcendo-o em círculos e dobras. E José Riovaldo já imerso numa investigação pessoal que envolvia a obra rosiana no contexto da semiótica, da cognição, da espiritualidade, da metafísica, dizia:

JOSÉ RIOVALDO

'Quando você destorce o infinito ele vira um anel, você não sabe onde começa e onde termina. A gente vê uma imagem de pegar o anel e torcê-lo como essa coisa do "dobrar-se sobre si": o anel começa a dobrar sobre ele mesmo, o movimento sobre si e forma o infinito. E olha o que o infinito faz [mostra a imagem com as mãos sendo transformada em um anel]! O anel, o círculo é Um, uma unidade, isso remete ao "tao", taoísmo, o "tao" é a unidade e é também o todo. E quando você pega a unidade e polariza, você distorce e polariza, não é mais um "todo", é como se tivessem dois "todos", se diferenciou, na numerologia seria o DOIS, a polaridade é o dois, o encontro do UM com o UM, ou de dicotômica, contraditória ou concorrente ou complementar. Essas coisas sempre andam juntas: o "concorrente", o "contraditório" e o "complementar"! É uma coisa só!'.

Instigados depois de uma conversa sobre o Cerrado e as mudanças no equilíbrio biogeográfico daquela região a partir de um passeio de quintal, os presentes ali agora tentavam compreender a ideia do "infinito circunscrito"

---

303   DELEUZE; GUATTARI. *Mil platôs*, p. 43.

dentro da imagem de um filete de raio x. José Riovaldo retomava os assuntos discutidos durante a caminhada com Virgulino pelo quintal, os assuntos de simbiose da natureza, os processos biológicos. E, assim, pedia para que todos fizessem o movimento com o anel, mudando os sentidos da torção, juntando as pontas pelo lado inverso:

JOSÉ RIOVALDO

'E aí o infinito entra para dentro do círculo!', dizia
atônito e sorrindo feito criança. 'Conseguiu?'.

'O mais interessante é que o infinito dentro do círculo, o "infinito circunscrito" é em si um paradoxo. Quando a gente fala "circunscrever" quer dizer delimitar, estabelecer os limites, parâmetros, colocar dentro do círculo. Mas como você delimita aquilo que não tem limite, que é o infinito? E nessa imagem aqui você está colocando fronteiras naquilo que a princípio não tem fronteiras. Não é um paradoxo? As coisas estão em movimento e voltando sobre si permanentemente, como a ideia da espiral, evolutiva, as coisas vão acumulando, à deriva é que vai se desdobrando e acumulando. Se o anel traz a questão da recursividade para a reflexão, o infinito traz a questão do mistério, porque o que o infinito evoca é o mistério: que coisa é essa que não tem fim, não tem limite, não tem fronteira?'

Na sala, amontoados entre os sofás, cadeiras e o chão, as pessoas provavelmente desestabilizavam-se com os olhos esforçados para pegar o fio da meada, o fim da picada do infinito, do círculo, do movimento das torções. Contudo, um pouco misturado com esse sentimento de mistério e de envolvimento, vinha a perplexidade de sentir em tempo real a afetividade sendo construída de formas inesperadas no meio de uma vila do noroeste mineiro.

Os "de fora" tinham vindo de muitos quilômetros distantes para propor ideias para um próximo Caminho do Sertão e ali estavam em uma casinha aconchegante falando sobre "infinitos circunscritos". E os "nativos" tentavam entender qual a relação disso com o lugar que moravam, em qual redemoinho estavam para que pessoas de "fora" viessem visitá-los e se sentassem para ouvi-los demoradamente, pessoas que por algum motivo difícil de entender tinham feito e continuariam a fazer um trajeto a pé por quase 200km por aquela região, passando pelo Rio Urucuia, Morrinhos, Igrejinha, Ribeirão de Areia, Vão dos Buracos e Chapada Gaúcha.

[ ]

#9 INT. PEQUENO REINO – DIA (SEÔ MEDEIROS)

No meio do movimento do manusear a tira de plástico de raio x em formato de anel, ou de infinito, um dos "nativos", também parceiro dos "atores locais" e já com grande afeição com ex-caminhantes, pediu a palavra:

(SEÔ MEDEIROS)

'Agora eu posso entrar com a minha leitura?'.

Já risonhos, porque sabia-se que dali viria um contraponto bem-humorado, todos responderam em uníssono.

(TODOS, EM UNÍSSONO)

'Pode, seô Medeiros!'

(SEÔ MEDEIROS)

'– A minha leitura é bem diferente – eu não entendi nada!',

(e a gargalhada conjunta ecoava entre as paredes. E assim começava de supetão uma anedota que vinha da ponta da língua)

'Eu só lembrei de uma coisa... Diz que tinha dois caipirão – naquele tempo do interior que não havia nada – e um tava devendo o outro. Diz que o credor lá mandou cobrar do outro cara, o outro não sabia nada. E ele não tinha o dinheiro. "– Ah, vou fazer uma carta para o cumpadre, contando como é que está minha situação". Diz que pegou uma folha de papel e uma caneta e fez uma bolinha aqui. E daqui ele saiu, ele saiu dando volta e dando volta, dando volta e andou e rabiscou com a folha, quando pegou um risco e saiu direto até o outro lado da folha. Dobrou, fez questão de colocar no envelope e entregou pro cumpadre. Aí ele abriu o envelope e olhou. Olhou e ficou bravo: "– Vou lá no cumpadre saber o que é isso, a carta não tem nada aqui ó!". "– Cumpadre, eu fiquei foi bravo que cê não me mandou meu dinheiro, cê mandou um papel riscado assim todo para mim, que que é isso?" "– Uai cumpadre, cê num deu conta de ler minha carta?" "– Não!" "– Pois é, mais bobo é você que fez uma carta cheio de garranchinho, cheio de garranchinho, sem seguir pra lado nenhum. A minha é mais fácil de ler, porque aqui ó: esta bolinha aqui é minha casa, daqui eu vou sair, tô dando volta, dando volta, tô andando pra arranjar o dinheiro seu, quando eu arranjar esse é o caminho para sua casa, quando arranjar eu vou lá levar uai!'.

E assim os riscos continuavam a navegar pelo ar da salinha da casa do Pequeno Reino. Seô Medeiros concluiu assim:

'Cê falou, falou e não entrou nada na minha ideia'.

[ ]

#10 INT. PEQUENO REINO – DIA (ELLISON)

Representações do infinito em uma tira de plástico, representações de uma carta rabiscada. Mas não havia tempo para maiores elucubrações, a leveza tomava lugar, saía-se do quintal-vegetal para a sala, do infinito circunscrito à anedota, que, deflagrada, como um fósforo riscado, "foi-se a serventia"[304]*. Não havia tempo, porque já regenerado entre o burburinho piadista, outro "nativo" da região de Chapada Gaúcha que estava ali emendou:*

(ELLISON)

'agora eu também vou falar um pouco...'.

Ellison dos Santos, um dos guias do PN Grande Sertão Veredas e guia do caminho do sertão, repentinamente deu seguimento num entoo só, sem intervalos:

ELLISON (RECITANDO)

'Os gritos, tiros. Que foi, mesmo, que eu primeiro ouvi? Primeiro,
dum pulo bruto, eu já estava lá, pegando minhas roupas, armado
prestes. E vi o mundo fantasmo. A minha gente – bramando
e avisando, e descarregando: e também se desabalando de
lá, xamenxame de abelhas bravas. Mas, por quê?...'

Era o trecho de Grande Sertão: veredas, onde começava a batalha final da narrativa de Riobaldo. Na voz desse outro contador de histórias ali dentro de uns recantos de uma vila de uma Sagarana feita de carne e osso, carne rosa. Como já era rosa também o fim de tarde e, entre infinitos e anedotas, o chão da terra encontrava com o teto do imaginário. As camadas estavam dispostas como as enervações de uma vegetação do Cerrado se espalhando sem parar por baixo do chão, estremecendo o piso onde pessoas de diversos cantos meditavam aquele encontro.

Mais de dois anos depois, o guardião do Pequeno Reino mudou-se para Goiás. Antes de se despedir, em uma conversa de fogueira dentro de uma manhãzinha qualquer do sertão, Virgulino passaria a chave e o terreno para um grupo de caminhantes, de "fora", que resolveu cuidar daquele espaço, da dinâmica agroecológica daquele quintal e das próximas dinâmicas e conexões. Ali também já seria, como o Casecos, o ponto de encontro de novos desejos.

[ ]

---

304   ROSA. *Tutameia*, p. 29.

GIRO COMOVENTE

Esses são só alguns dos exemplos dessas circulações, alianças, conexões de uma rede que não para de se alongar. Uma série de acontecimentos, onde novos enunciados surgem enquanto estímulo de "ação", como "forças estranhas", "misteriosas".

Se, por um lado, é possível perceber, principalmente no *núcleo grande sertão* entre Sagarana e Chapada Gaúcha, uma grande intensidade de agrupamentos feitos e refeitos constantemente – "agregados sociais em performance"[305]; por outro lado, os discursos muitas vezes entram em choque, pois claramente as matrizes ontológicas são diferentes para cada ponta da rede. Como vimos, os *Gerais*, o Cerrado, o Sertão não "significam" exatamente a mesma coisa para o nativo, para os mediadores locais, para a literatura ou para os caminhantes. Muito menos para as empresas rurais. "Desenvolvimento sustentável", "proteção ambiental", "agroecologia", "movimentos sociais", "pertencimento", "meio ambiente", "arte e cultura", "luta pela terra", "literatura" – léxicos que deslizam de um lado para o outro, passados e repassados em uma cadeia, onde o "princípio e o fim não estão determinados"[306].

Pontos que indicam que a dança da qual estamos descrevendo – *corpos em baile* – muitas vezes se desenvolve de forma trôpega. Aquela dança um pouco bêbada, na qual não faltam alguns escorregões, deslizes, perdas de sincronia e, por que não dizer, pisos certeiros no calo do pé. Afinal, a dança (aqui podemos voltar ao teimoso do cedilha) não é exatamente conduzida por um coreógrafo, organizada; muitas vezes faz parte de um rito que evoca suas truculências e doçuras, ora é espetacularizada, ora se faz espontânea, às vezes dá namoro, outras vezes dá briga, ciúmes.

Portanto, uma série de conflitos também brotam dessas experiências. As truculências mais autoevidentes, por exemplo, afloram a partir do ponto de vista do "nativo" que vê sua água contaminada pelo uso de grandes empreendedores rurais; mas que também aparece quando o fazendeiro impede que o Caminho do Sertão passe por suas terras, devido a imagem

---

[305] LATOUR. *Reagregando o Social*: uma introdução à teoria do Ator-Rede.
[306] WISNIK. Recado da viagem, p. 162.

negativa que se propaga dos monocultivos; ou pelo "caminhante" que bate boca com o trabalhador de uma empresa plantadora de eucaliptos; dos usos que políticos locais fazem das festas de tradição; passando pelo impacto sociocultural de novos elementos urbanos assimilados ou não por comunidades rurais, até processos mais amplos de "subjetivação e poder"[307].

Vale lembrar que a "rede rosiana" não é um agrupamento completo, já finalizado, cristalizado. Longe de ser apenas "belimbeleza", é também ingrato "no macio de si", repleto de coexistências efetivas de trocas, de contrastes. Riobaldo, em *Grande Sertão: veredas,* peleja, mas não consegue que o "bom seja bom e o rúim ruim" e "o feio bem apartado do bonito e a alegria longe da tristeza"[308]. Desiludido com a impossibilidade de "todos pastos bem demarcados", percebe que uma coisa está contida na outra, que "truculência e doçura" andam juntas, que "a vida é ingrata no macio de si; mas transtraz a esperança mesmo do meio do fel do desespero. Ao que, este mundo é muito misturado..."[309].

*****

Tomando o exemplo do trabalho de Bruce Albert com os Yanomami na Amazônia, que pode ser vivenciado pela leitura de *A queda do céu: Palavras de um xamã yanomami*[310], a encruzilhada dos encontros de mundos nos *Gerais* pode seguir a trilha de um "pacto etnográfico" amazônico. Pacto que é concebido no livro como uma performance "xamânico-política", "cosmopolítica", ou "cósmico-diplomática", "em que pontos de vista ontologicamente heterogêneos são comparados, traduzidos, negociados e avaliados"[311].

A escolha pelo caminho cósmico-diplomático amazônico permite escapar de outro "pacto" – esse sim, mais diabólico – que se espalha pelo sertão brasileiro e pelo Cerrado, de uma forma geral: o "trato" da modernização[312], que vincula a alteridade pelo viés da hostilidade. Nas palavras

---

307 Cf.: MEYER. *O campo artístico-cultural em terras de Guimarães*: uma entrada para o desenvolvimento.

308 ROSA. *Grande Sertão: veredas*, p. 237.

309 Idem.

310 KOPENAWA; ALBERT. *A queda do céu:* Palavras de um xamã yanomami.

311 VIVEIROS DE CASTRO. O recado da mata.

312 Sobre o "pacto da modernização" ou o "trato do desenvolvimentismo", ver BARBOSA. *Ser-tão Cerrado*: espaço movimentante.

do xamã Davi Kopenawa, um diálogo pobre e desigual é feito com os napë, termo utilizado para definir a condição relacional e mutável de visitante "forasteiro, "inimigo". Se os napë, que no contexto amazônico passaram a ter como referente os "Brancos"[313], ou o "povo da mercadoria", poderíamos transpor sua nomeação para o contexto geraizeiro como o "povo da monocultura", do agronegócio em grande escala que suga as veredas, as águas, as relações sociais, impactando o mundo visível e invisível dos rios, dos lençóis freáticos e da biomassa do Cerrado, ao mesmo tempo que corta simbolicamente, afetivamente, espiritualmente e socialmente as relações do ponto de vista sociocultural.

O caminho da encruzilhada é crucial também no *sertão do mundo*, pois evidencia uma questão primordial sobre o campo da *alteridade*. Afinal, ela é amorosa ou violenta? É "antropofágica"[314], "reversa"[315], "simétrica"[316]; ou é devoradora, colonizadora, trágica? Nessa encruzilhada, ilumina-se ou extermina-se o "outro"?

*****

Nas geografias dos *Gerais* e no universo rosiano, as águas sempre correm em direção do Rio São Francisco – tudo deságua no "do Chico", o Velhas, o Urucuia, o Carinhanha, o Paracatu, com seus ribeirões, suas veredas. Pela direção do sol nascente, as águas de Diadorim escorrem pelas áreas de recarga das terras altas da Serra do Espinhaço, indo ao encontro dos rios que despencam do outro lado da Bacia San Franciscana, pelo poente, dos grandes chapadões do Paracatu – águas de Riobaldo.

A Imensidão do Rio correndo no meio de tudo e, enquanto o canoeiro entoa uma canção, uma "moda de copla que gente barranqueira usa" – "... *Meu Rio de São Francisco, nessa maior turvação: vim te dar um gole d'água, mas pedir tua benção...*" – Riobaldo e Diadorim o atravessam numa canoa meio bamba, "balançando no estado do rio"[317]. Encontro dos rios, encontro das "matérias vertentes" que se inundam. Devir da

---

313 Isto é, os membros de sociedades nacionais que destruíram a autonomia política e a suficiência econômica do povo nativo de referência.

314 ANDRADE. *Nova reunião*: 23 livros de poesia.

315 WAGNER. *A invenção da cultura*.

316 LATOUR. *Jamais fomos modernos*: ensaio de antropologia simétrica.

317 ROSA. *Grande Sertão: veredas*, p. 119.

vida, amontoados, rio que corre direto e sem fim, recebe areiazinhas sem parar, em uma *transformação pesável*, incorporando sedimentos, depositando outros, esparramando por debaixo da terra, atravessando grandes tabuleiros, alimentando veredas e as raízes pivotantes das árvores e arbustos do Cerrado.

Os rios não dormem...

Na frente dos olhos e nas próprias conceituações dos "nativos" vemos o coração do Cerrado pululando e batendo forte, cantos de pássaros tingindo a paisagem, veredas alimentando o Rio São Francisco e as árvores retorcidas gesticulando seus recados. Saberes transmitidos por mestres sertanejos, um mundo completo que inter-relaciona com a flora, a fauna, rios e serras.

A bela imagem da "floresta invertida" ou da "floresta de cabeça para baixo" vinculada ao Cerrado, com suas raízes pivotantes arremessando sua vegetação por baixo dos solos à procura de água e nutrientes, nos dá a dimensão de todo um mundo submerso das terras dos *Gerais*. Nessa imagem que incorpora a vegetação por debaixo da terra, se espalhando através das entranhas dos *Gerais*, um mundo de águas escorre por cavidades subterrâneas, lençóis freáticos navegando pelo submerso e invisível de seu povo. Águas, rios subterrâneos, veredas, vida que vem do chão, brota nonada, com suas hidrologias telúricas... "Perto de muita água, tudo é feliz"[318].

Por isso o desespero de sentir cada dia menos as veredas pulsarem vida, de verificar a extinção de espécies adaptadas à vida subterrânea, o desaparecimento anual de pequenos rios e ribeirões, ou ainda por encarar a degradação de grandes faixas de Cerrado e de grandes extensões de buritizais[319]. Por isso a fúria – "Diadorim queria sangue fora de veias" – ao perceber o Rio Urucuia perdendo litros e litros de água todos os dias para pivô central.

Proto-multinaturalista, ou xamã sertanejo cerratense, Rosa haveria de estremecer ao incorporar o ponto de vista de uma paisagem já embaçada por plantações de eucalipto que somem do quadro de visão; ou ao sentir as entranhas telúricas do Morro da Garça feridas por baixo da terra, ao perceber as veredas secando, desaparecendo dia a dia; do Cerrado que ainda resta sendo asfixiado lentamente, sugado por pivôs centrais.

---

318 ROSA. *Grande Sertão: veredas*, p. 45.

319 Um buriti imponente, por exemplo, de 25 a 30 metros de altura, demora cerca 500 anos para chegar àquela altura, sobrevivente e testemunha de um outro tempo, postado em suas áreas úmidas, turfosas, de alta biodiversidade.

E a obra rosiana, por sua vez, continua atravessando o Cerrado enquanto entidade poética que se depara com a modernização, que ouve amalgamada a geografia física e humana os (outros) recados do Morro da Garça, antevê a complexidade do território *geraizeiro*, reverbera uma percepção alargada de mundos. E no *sertão presente*, os olhos de Diadorim emudecem ao perder o seu reflexo no rio Urucuia; a travessia do Liso do Sussuarão – forjada pela travessia do Caminho do Sertão, que busca seus imprecisos caminhos geográficos – deseja superar (outros) desertos, devastações; o rio das Velhas, em sua vertente sociopolítica, incorpora os conhecimentos "socioambientais" dos vaqueiros, como o "Projeto Manuelzão"; o menino Miguilim de "Campo Geral" se transforma em coletivo de crianças contadores de estórias, que narram, por exemplo, sobre o "manuelzinho-da-crôa", "da bizarrize daquele pássaro galante"; *Grande Sertão: Veredas*, por seu turno, é literatura e ao mesmo tempo *geografia*, com suas áreas de refúgio de veredas, buritis e uma grande massa vegetal conservada na bacia do Rio Carinhanha; *Sagarana* é ainda assentamento rural, centro de tecnologias sociais, parque estadual, ponto fulcral dos afetos, mostra de cinema onde figura os *Gerais*... Entremeadas numa trama complexa que envolve o imaginário, o simbólico e o real, as geopoéticas rosianas são entrelaçadas ao território vivido, e gritam urgentes seus recados, de "festa", mas também de "caso de vida e morte"[320], de emboscadas anunciadas. Conexões chãs e cósmicas entre literatura e espaço, em seus conteúdos difusos, intensos, propositivos.

*****

Seguindo ainda uma suposta "sessão xamânica" encenada em *A queda do céu*, o prefácio escrito por Viveiros de Castro nos dá uma pista de "alta significação poética" do documento de Kopenawa/Albert ao propor que, ao fechá-lo, "abramos o conto o 'Recado do Morro'"[321]. Não apenas por imaginar conexões do conto de Rosa com o trabalho etnográfico e manifesto xamânico na Amazônia, mas também por sugerir ao leitor que, para muito além da significação histórica, etnográfica, ecológica e filosófica, esse encontro se "torne ainda mais *comovente*"[322]. Convocando o vocábulo *co-movente* – "isto é, capaz de nos por em movimento junto

---

320 ROSA. *Corpo de baile*, p. 389.
321 VIVEIROS DE CASTRO. O recado da mata, p. 40.
322 VIVEIROS DE CASTRO. O recado da mata, p. 40, *grifos nossos*.

com ela"[323] – reitera-se uma enunciação e uma etimologia que levam a um entendimento essencial para o nosso *giro dos corpos*. Pois o *giro dos corpos* é fundamentalmente um *giro comovente*, que emociona ao mesmo tempo em que movimenta conjuntamente, co-move: *commovere*, "movimenta", "perturba", "agita".

A pista de Viveiros de Castro ilumina no nosso trabalho a significação primordial que a palavra *comovente* semeia na ideia do giro, do movimento, da travessia, tanto geograficamente, como literariamente. A reconstrução dos sentidos e dos mundos pela arte é capaz de "mover os afetos", como diziam os barrocos, de emocionar, comover. O Caminho do Sertão, como um *giro comovente*, um "cerimonial" de uma rede rosiana ou uma "performance cosmopolítica", é capaz de nos colocar em movimento, girando afetos, negociando e traduzindo pontos de vistas heterogêneos.

Mas, além da proposta *comovente* de colocar em *rizoma* o recado amazônico de Kopenawa e o recado do morro do centro geodésico de Minas Gerais, Viveiros de Castro parece nos trazer também "uma última palavra" sobre o que abordamos aqui neste livro, um "aviso", um "recado ominoso". Viveiros, ao intitular o prefácio de *A queda do céu* como o "O recado da mata", inspirado em alusão de José Miguel Wisnik ao conto de Rosa, amarra as múltiplas e "inquietantes mensagens da natureza a que permanecemos surdos", seja na Amazônica, seja no Cerrado.

O recado do Morro, ouvido e transitado por "marginais da razão" encontrados pelo caminho do conto de Rosa – excêntricos, nômades, eremitas, trogloditas, loucos, profetas, andarilhos – diz sobre um acontecimento oculto, um caso de "vida e morte". O emissor do recado é especial, pois é originário da própria natureza, um morro solitário no centro geográfico de Minas Gerais, o Morro da Garça. Já o recado da mata, aludido por Wisnik e "escutado" por Viveiros, faz uma analogia sobre o elo entre o xamã-narrador de *A Queda do Céu*, Davi Kopenawa – "quem mais fora do centro e do Um, da fumaça das cidades e do brilho assassino do metal, do que um índio, um homem do fundo do mato que firmou um pacto xamânico com as legiões de duplos da floresta"[324] – e personagens como Gorgulho e Nominedômine, aqueles que ouvem a natureza "avisando de coisas"[325].

---

[323] Idem.

[324] VIVEIROS DE CASTRO. O recado da mata, p. 41.

[325] ROSA. *Corpo de Baile*, p. 410.

Transpondo as referências de um recado do morro de Rosa e de um recado da mata amazônico poderíamos também imaginar que há, nos subterrâneos dos rios invisíveis e circulando pelo ar, um *recado do Cerrado* um tanto quanto agonizado que é vinculado e transmitido, ora conscientemente, ora intuitivamente, por uma "rede rosiana".

Rede em que, independente dos ruídos, dos "telefones sem fio" – equivocações, diferenças, variações, opiniães – precisa também ler a terra, o morro, a mata, a natureza: o Cerrado. O recado, "ominoso", insuportável, leva consigo a urgência de que, se acaba o Cerrado, se a *floresta invertida* literal perde sua força, todas as outras hastes, todas as outras relações também se perdem. A rede, na qual nos detivemos neste trabalho, junto com Guimarães Rosa (esse "duplo invisível", atravessador de mundos, que trafegou e ainda trafega entre a oralidade e escrita, a natureza e a cultura), é também responsável por ouvir e transmitir recados, assim como Gorgulho e os "seres não reflexivos, não escravos do intelecto"[326] de "O recado do morro". Assim como nos cantos dos *xapiri*, os espíritos da floresta que buscam suas palavras no coração das melodias da mata, das "árvores de línguas sábias"[327], é preciso ouvir as sinfonias do Cerrado, sua canção "melodiã", seus recados de vida e morte.

---

[326] ROSA. *João Guimarães Rosa*: correspondência com seu tradutor italiano Edoardo Bizzarri, p. 92.

[327] KOPENAWA; ALBERT. *A queda do céu*: Palavras de um xamã yanomami, p. 113.

INTERLÚDIO IV

<u>Cadê o Zé Sucuri – o Zé de Alzira?</u>
– Cadê ele, aquele do rapapau?
– O Zé Sucuri tá aqui!
– 'Ô Sucuri'!
– 'Ô Zé de Alzira!' Vem pra cá, môço?'
– 'Ô meu deus, o povo bebe demais'.
...

Primeiro a gente tocou um "Reis", cantemos um "Reis", fiz uma saudaçãozinha para o Aristônho que é o dono da casa; depois foi uma curraleira, '– Num foi João?'. Depois o lundu, lundu eu devo ter feito uns dois arrochado. O lundu tem o nome de lundu, agora cê canta de vários jeitos...

(toque da caixa)

(primeiro acorde de violão)

(Instrumentos: Pandeiro, caixa, violão, cavaquinho, rebeca, rapapau)
...

<u>Em louvor desse pessoal que vem viajando</u>
É em louvor desse pessoal que vem viajando! Nós viemos por isso. Eu morava aqui, mas hoje eu moro em Urucuia, aquele mora aqui perto e dois companheiros que estão aqui – um com a viola e outro com a rebeca – são mesmo de lá de Urucuia. O Zé Luiz é capitão também, veio para me ajudar. Eu praticamente já encerrei, mas ainda vim. Eu já parei, mas ele falou que eu tinha que vir hoje pra nós cantar um pouquinho. Eu gosto muito de folia, Santo Reis, eu estou bem-devagar-quase-morrendo, mas ainda tô animado ainda. Todo mundo aqui mexe com folia!

– 'Eu sou fominha, viu!?'

– 'Esse aqui é o Geraldinho, ele é surdo mas é bom para escutar, é danado, coisa mais esquisita do mundo, ele é surdo e escuta mais que os outros'

– 'Ele gosta!'

<u>O terno dos três reis do oriente – o terno de folia do Luizão</u>

Há muitos anos saio com folia. Mas nós não enquadremos, né, Tonho? Eu, mais ele aqui, o João, nós trabalhamos juntos, mas não temos um nome, eles falam, tratam: terno de folia do Luizão. Aí é eu e minha equipe, os companheiros.

E lá não são sete vozes? E eles não juntam, o grupo todo não grita, não segue gritando? Pois é, lá é 7 vozes, aqui não, aqui é igual dia de ano, o canto aqui é de quatro vozes, é dois de lá e dois de cá. Mas o terno completo mesmo é dez ou doze, hoje já tem mulher que é foliona, como essa Mana aqui ó.

Os três reis do oriente é o nome do santo. Inclusive o Tonho vai pegar o retrato, nós vamos fazer uma saudação aqui... vinte e cinco de dezembro é a época certa mesmo, mas agora a gente sai de folia temporana, outro tempo. Reza tem que ser dia seis ou dezesseis de qualquer mês, mas a época certa é vinte e cinco de dezembro, foi o dia que os três reis do oriente saíram com a folia deles, foram para a Gruta de Belém visitar o Menino Deus.

<u>Não sei nem fazer a letra do Ó com o fundo duma garrafa</u>

A gente vai mudando de companheiro. Quando eu comecei mesmo, que eu saí alvorada, a primeira vez foi em mil novecentos e sessenta e seis... deve ter uns cinquenta e tantos anos que eu saio de folia, porque dentro de um ano tem vez que eu saio três vezes de folia para três pessoas dentro do ano. Mas a época certa mesmo é vinte e cinco de dezembro.

Meu pai, quando eu entendi por gente, ele já era folião, mas só era caixeiro. Eu trabalhava com folia com Tió, um véio que foi embora há muitos anos. Eu era menino, toda vida eu fui incutido de folia, embelequei para entrar, brigava muito, mas tinha um Ascêncio véio que era o capitão mandão da turma, falou, '– Pode deixar que eu levo o menino na garupa do meu cavalo!'. Eu drumia nas casas e ele me acordava na hora de sair...

... aquilo era influência daquilo e não sei nem fazer a letra do Ó com o fundo duma garrafa.

– 'Tá tudo na mente dele...'

<u>Orêia chata, o ajudante de folia</u>

Eu comecei a sair alvorada com o véio que morava aqui, pra lá da igreja, uma casa que tem aí era dele, chamava Antônio Bisconto. Ele saiu com uma foliona, eu era moleque, entrei de orêia chata – trata de orêia chata o ajudante de folia – e eu todo influente, animei e falei pra ele 'seo Antônio, o senhor podia deixar eu marcar uma curraleira por minha conta?'. Ele falou 'deixo', aí eu chamei os companheiros, entrei e marquei, deu certo! Aí acompanhei a *folia dele umas três noites e larguei, fui embora, aí ele falou pra mim: '-Oh, você vai ficar ligado que no ano que vem você vai sair junto comigo'.*

Dado e falado. Aí saí em sessenta e seis, eu devia ter uns 18 anos, 19, por aí, e já saí, saí "alvorada". E rompi uma noite, eu andei cantando mais eles. Na outra noite ele já mandou cantar uma "orador", cantar uma reza lá na beira do brejo: 'tem essa velha aí, ela não entende muito de folia, ela tá caducando, canta aí'; e eu falei: 'vou começar, por aqui eu vou, não tenho medo mesmo', nesse tempo mesmo a gente tomava umas "crueira" e a cachaça dá muita coragem! O trem que eu mais imaginava era isso, eu até saio, mas se eu largar de beber pinga daí eu vou ter que largar a folia, porque eu não vou dar conta, eu sou campeão para isso, para tirar até 10.

<u>O tocador de rebeca</u>

Dia 25 de dezembro é nove noites, aí eu saio cantando. A folia sai pedindo esmola, de casa em casa saudando os moradores, todas aquelas noites marcadas, pedindo oferta, pedindo esmola e agradecendo em nome dos três reis magos, porque foi assim que os reis magos fizeram na época deles. Eles eram muito pobrezinhos, eles foram visitar Jesus, Jesus coroou eles, eles já saíram de lá santificados e voltaram para a terra deles.

E escolheram: 'vamos festejar nosso dia também!', 'de santos reis!', 'como é que faz se queremos festejar?' 'só temos os três camelos' (três animais que eles foram para Belém), e quando voltaram 'como que nós vamos festejar nosso dia se não temos nada pra dar pra ninguém?' 'comé que faz?'. Aí ficaram os três, como-é-que-faz, como-é-que-não-faz-e-coisa, e um falou 'já sei, vamos de a pé' tem uma viola, uma caixa e uma rebeca. Eram os três reis, Baltazar, Gaspar, Belchior, o nome dos três reis magos.

Porque tem folia boiadeira de cinco ou sete vozes, a folia tradicional mesmo é quatro vozes, dois cantam e dois respondem, essa que é a certa, que nasceu dos três reis magos. E aí eles eram só três, 'como fazer as quatro vozes?'.

Aí apareceu um senhor com a rebeca. E quem era esse senhor que apareceu com essa rebeca na hora para ajudar os três reis magos? Quem era esse senhor? Quem era esse senhor que apareceu naquele momento, ali, na hora que eles saíram da visita de jesus? 'Nós temos que cantar folia, vamos pedir esmola para festejar o nosso dia, que é dia 6 de janeiro, dia dos três reis magos'. Quando eles foram visitar, eles não foram visitar cantando folia não, eles cantaram folia foi na volta, depois da visita. Eles cantaram folia "de volta", depois da visita, voltaram para o país do oriente, para a terras deles. Aí apareceu aquele senhor com a rebeca e falou assim: '– Se vocês quiserem eu vou ajudar vocês'!

Quem era esse senhor? Esse se chama quem? Quem era esse senhor que foi ajudar os três reis magos – Belchior, Gaspar e Baltazar? Esse senhor se chama Reimicia. Quem é Reimicia?, é o pais de jesus! Apareceu. Apareceu, tocando rebeca, aí deu certo. Por que é que tem Reimicia na história dos santos reis? É, o tocador de rebeca!

Aí foram tocando folia, cantando, cantando com o pai do oriente deles, e eles marcaram para rezar no dia seis de janeiro, que era o dia que eles marcaram, só que quando eles chegaram no oriente, lá no país deles, não deram conta de chegar em casa, já estavam cansados de ir a pé, pedindo esmola, de oferta em oferta, e pedindo e agradecendo e tudo, e quando dia 06 de janeiro eles ainda estavam muito longe de chegar na casa deles, 'e agora?', eles arreuniram, 'e agora?', nós vamos festejar o nosso dia é aqui, debaixo desse pé de árvore mesmo, é o nosso dia, é o nosso dia, debaixo desse pé de árvore. Por isso que pessoal sai com folia e vai querer ficar parando em casa bonita, em casa boa de gente rica?. Mas não, a história dos reis magos não é assim, a gente pode pousar até debaixo desse pé de árvore, ou casa de um mais fraquinho, isso é que é a história dos três reis magos. Apareceu gente de tudo que é canto, mistério de deus daquela época e fizeram um festão debaixo daquele pé de árvore, não foi de dentro de casa de rico.

– Ê môço, se for pra explicar tudo vai noite todinha...

                              (Luizão e seu terno de folia, na comunidade de Morrinhos, aos pés do Rio Urucuia)

|: RITORNELO :|

A música derretia o demorado das realidades

*
(Nesse viver perigoso...)
*

Manhãs feitas de quintais do tamanho do mundo, conversações deslumbradas, o céu como poeira de estrelas, galos cantando e o café sempre açucarado na medida a adoçar os caminhos. A confusão da cozinha, as grandes panelas, corpos apressados de um lado para o outro. Nossa geografia procurou escrever com a terra, caminhando ao mesmo tempo nas estrelas do céu do sertão e dentro da poeira da modernização que entranha nos buritizais.

Não-entender até se virar menino, experimentar, viver, não domesticar, encompridar. Escrever com o corpo, vislumbrar compartilhamentos em comum, deslumbrar a arte como o filamento do afeto, da partilha, do desejo, do excedente do outro que completa.

"As pessôas – baile de flores degoladas, que procuram suas hastes"[328]

Perceber em uma festa de aniversário de crianças na casinha afetiva de Sagarana que a literatura também media, traduz, medita, transtraz, transmuz. Escutar a menina da vila narrando sobre os peixes que vivem dentro das nuvens e que caem lá do alto diretamente nos rios, quando chove. Passear de bicicleta pelo chão de terra, ouvir a história do sanfoneiro na porta do bar. Reencontrar as crianças em Morrinhos crescendo, brincando e nos saudando, ano a ano, quando voltávamos a atravessar o Rio Urucuia. Em Igrejinha, rever a senhora que havia ensinado versos foliões no ano anterior e agora convidava para o seu aniversário. Assistir a lua surgindo do alto da serra, como se fosse uma esfera a rolar pelo morro e todos se chamando para vê-la delirar. Ouvir as canções de Santo Reis como bênçãos, perceber os instrumentos com suas afinações, a polifonia das vozes, a seriedade dos rostos, a ancestralidade nas mãos.

Debaixo de um pé de manga imaginar o pêndulo em *"balanço de vai-vem"*, ganhando velocidade cada vez que o nativo recita a passagem de Riobaldo fascinado com a chegada dos jagunços no São Gregório, e agora o silêncio da multidão escutando, os latidos dos cães intercalando cantos de pássaros, a canção já encorpando na viola, 'ê tempo bom se trovejava / ouvia o vento que aeiouivava'. O barulho da moto se aproxima, e os que chegam a pé saúdam 'todo mundo na paz de Deus?'. Outro grupo vem vindo, os foliões da beira do Ribeirão de Areia. 'O sertão a

---

[328] ROSA. *Corpo de Baile*, p. 828.

gente conhece? Conhece! Mas a gente conhece é andando', e logo adiante alguém conclama a luta pela água, pela terra, outro diz do rio que secou, 'mas lá no meu terreiro ainda brota água'. Veredas?

   Entender que talvez o ponto seja menos "desenvolver" o outro e mais caminhar com ele, encontra-lo, trocar, interagir, comunicar pela diferença, traduzir, equivocar, "inventar", "commovere". Nem explicar, nem interpretar (muito menos "des-envolver"): multiplicar e experimentar. E caminhar... Toda vez que o mundo dá um passo, nós saímos dos lugares. Meio micropolíticos, meio Riobaldos, diríamos com Michel Foucault que "meu ponto é: não é que tudo seja ruim, mas tudo é perigoso... Se tudo é perigoso, sempre temos algo a fazer"[329]. Nesse viver perigoso e comovente, caminhemos...

*

(Um pouquinho de saúde, um descanso na loucura)

*

   É preciso delirar, prolongar os fios estéticos e políticos de uma linguagem rosiana que recusa a língua degradada da "razão instrumental", como a que surge em um telão durante a Festa da Serra das Araras propagando o "mundo maquinal"[330], máquinas soprando pó para o alto[331]. É preciso delirar, deixar que os xapiris fiem suas redes nos sonhos, espichem as redes nos quintais e as deixe abertas para que "o céu não caia de novo"[332]. E que o Cerrado também re-exista, resista, cante seus cantos, harmonize as sinfonias do mato, a água brotando milimetricamente da vereda.

   É preciso delirar como a literatura, carece de ter coragem, "Eh, carece de saber olhar a onça, encarado, olhar com coragem: há, ela respeita. Se mecê olhar com medo, ela sabe, mecê então tá mesmo morto. Pode ter medo nenhum. Onça sabe quem mecê é, sabe o que tá sentindo. Isso eu ensino, mecê aprende"[333]. Ouvir a mata, "essas árvores de cantos nos con-

---

[329] FOUCAULT. *The Foucault Reader*, p. 343, tradução nossa.

[330] ROSA. *Primeiras estórias*, p. 11.

[331] Sobre o "mundo maquinal" em Guimarães Rosa, ver: BARBOSA. *Ser-tão Cerrado*: espaço movimentante.

[332] KOPENAWA; ALBERT. *A queda do céu*: Palavras de um xamã yanomami.

[333] "Meu tio o Iauaretê". ROSA. *Estas estórias*, p. 204.

fins da floresta, onde a terra termina, onde estão fincados os pés do céu"[334], escutar outras linguagens, linguagens-outras e devir-sertão, devir-vereda, devir-criança, devir-louco, devir-índio, devir-onça, devir-Cerrado.

Literatura delirando em "sopros de vida", para coletar o coração das melodias do meio do mato. *"Seus troncos são cobertos por lábios que se movem sem parar, uns em cima dos outros. Dessas bocas inumeráveis saem sem parar cantos belíssimos, tão numerosos quanto as estrelas no peito do céu. Mal um deles termina, outro continua. Assim, proliferam sem fim"*[335].

Assim como a literatura delira, é preciso arrastar a língua das geografias do sertão do mundo para fora de seus sulcos costumeiros, arrastar palavras de um extremo a outro do universo. Literatura como saúde, "essa invenção de um povo", uma "possibilidade de vida"[336]. Se qualquer amor já é um pouquinho de saúde, a literatura também é saúde, "sopro vital" para geografias do mundo, uma rede estendida: *descanso na loucura*.

*

(*Os olhos verdes tão em sonhos*)

*

"Meio surdo" como Gorgulho para ouvir a mensagem de "toque de caixa", "morte de alguém" e o "profundo bafo, da força melodiã" da canção de Laudelim, do sobrassalto que o "verso transmuz da pedra das palavras"[337]. Sobressalto que transmite/traduz aquilo que vem da linguagem indeterminada, do fundo poético, da percepção alargada, da multiplicação de mundos. O "acalor da voz" de Gorgulho (e dos pedregulhos) é o mesmo bafo das melodias que vêm dos submersos da terra na Gruta de Maquiné, onde é preciso entrar e "afundar naquele bafo sem tempo, sussurro sem som, onde a gente se lembra do que nunca soube, e acorda de novo num sonho, sem perigo sem mal; se sente"[338].

Meio "piticego" como Miguilim para ver além da visão, "cego para a luz, vê o invisível". "Fora de todo comum" para sonhar com Diadorim. E os olhos de Diadorim *verdes tão em sonhos*, verdes arenosos, marejados,

---

334 KOPENAWA; ALBERT. *A queda do céu*: Palavras de um xamã yanomami, p. 113.
335 Idem.
336 DELEUZE. A literatura e a vida.
337 ROSA. *Corpo de Baile*, p. 460.
338 ROSA. *Corpo de Baile*, p. 466.

olhos de buritis, água das veredas *"De tarde, como estava sendo, esfriava um pouco, por pejo de vento – o que vem da Serra do Espinhaço – um vento com todas almas. Arrepio que fuxicava as folhagens ali, e ia, lá adiante longe, na baixada do rio, balançar esfiapado o pendão branco das canabravas. Por lá, nas beiras, cantava era o joão-pobre, pardo, banhador. Me deu saudade de algum buritizal, na ida duma vereda em capim tem-te que verde, termo da chapada. Saudades, dessas que respondem ao vento; saudade dos Gerais. O senhor vê: o remôo do vento nas palmas dos buritis todos, quando é ameaço de tempestade. Alguém esquece isso? O vento é verde. Aí, no intervalo, o senhor pega o silêncio põe no colo"*[339]

*

(Epílogo)

*

Durante a travessia desta pesquisa, em um dos momentos de deriva, me vi dentro de uma van da prefeitura de Morro da Garça, *dando corpo ao suceder*, para encarar mais uma vez o pôr do sol se escondendo avermelhado nos sopés do 'Morrão' (como chamam carinhosamente aquele "solitário, escaleno e escuro"[340] testemunho paisagístico mítico no coração de Minas Gerais, que Rosa ajudou a expandir recados). Sentada ao meu lado no banco do veículo, Lina Assunção, uma das lideranças locais explicava e detalhava o histórico dos movimentos de cultura e das articulações com a obra rosiana na região. Contava, por exemplo, do trabalho que Marily Bezerra e de Dieter Heidemann desenvolveram no município, e no filme que Marily havia rodado nos anos 90 sobre o encontro de Riobaldo de Diadorim, onde o pequeno de-janeiro esbarra na imensidão do São Francisco, a alguns quilômetros dali[341].

Seguindo os solavancos que jogavam a van rente a estrada de chão, antes de escutar a saborosa história sobre Dieter e Marily e muitas outras, eu já havia sido desestabilizado pelas narrações de um outro assunto. Isso porque Lina também havia descrito o processo de produção do filme Mutum – das várias viagens feitas pelas roteiristas Sandra Kougout e Ana Luiza Martins Costa por Minas, para conhecerem e escolherem os lugares e pessoas que poderiam participar do filme.

---

[339] ROSA. *Grande Sertão: veredas*, p. 306.

[340] ROSA. *Corpo de Baile*, p. 401.

[341] Cf.: BEZERRA; HEIDEMANN. Viajar pelo sertão roseano é antes de tudo uma descoberta.

Como já disse no início do percurso desta escrita, a experiência de assistir a essa adaptação para o cinema do conto "Campo Geral", de Guimarães Rosa, foi o "desmedido momento" que conduziu o rio imaginativo e caudaloso deste livro. Contudo, antes ainda dessa experiência, à montante – diríamos – desse rio imaginário, a equipe da filmagem e o elenco de Mutum (composto por atores profissionais e, principalmente, de não-atores de diferentes regiões do sertão mineiro) conviviam em uma fazenda próxima a Andrequicé. A locação do set de gravações se estabeleceu em terras próximas de onde havia vivido o vaqueiro Manuelzão; por sua vez, a criança selecionada para interpretar Miguilim, era nativa de uma fazenda na "Capivara-de-Cima", próxima ao Morro da Garça.

Das quase mil crianças com quem as roteiristas trabalharam – visitando e desenvolvendo articulações com escolas rurais de Minas, algumas em belos recantos perdidos e achados do Cerrado – Thiago da Silva Mariz fora o escolhido para protagonizar Miguilim, a partir de sua própria perspectiva, suas paisagens internas, sensações, o ponto de vista profundo da infância.

Com o filme pronto, Thiago – que nunca havia visto uma sala de cinema – se lançou pela primeira vez à capital de Minas, justamente para assistir ao longa-metragem onde figurava como protagonista na tela grande. E eu – muitos anos antes de imaginar que estaria escrevendo estas linhas, anteriormente ao envolvimento com a geografia e antes mesmo de avistar aquele exemplar rubro-amarronzado de *Corpo de Baile* em uma livraria qualquer – me via ali escapando das conversas de corredor do pátio externo do cinema para ir cumprimentar o menino "Miguilim", da sessão que acabara de assistir.

Nós dois nos entreolhávamos tímidos e sem entender – *"não-entender, não-entender, até se virar menino"*[342] – e trocávamos frases ao vento, eu provavelmente dizia 'parabéns', ele acenava com a cabeça um 'obrigado' e a mãe sorria orgulhosa. Eu iria embora para casa depois daquele encontro, e Thiago – que, aliás, nunca havia saído de Morro da Garça – viajaria ainda para um festival de cinema em Berlim, como que levado para a cidade pelo doutor, como acontece com Miguilim ao final de "Campo Geral".

---

342   ROSA. *Corpo de Baile*, p. 593.

(Mutum em ritornelo)

*

E, ainda na cena do pôr do sol de Morro da Garça – a van, os solavancos, o barulho de vento na janela – minha interlocutora dizia, 'O Thiago está morando aqui agora, o Miguilim do filme, trabalha na prefeitura...'. E o acaso quis que mais de dez anos depois daquele encontro, eu visse novamente o Thiago/Miguilim, agora quase adulto, mais alto do que eu, tímido e simpático naquele início de noite no meio da rua, meio enluarada, meio pé de vento, enquanto aguardava a janta saborosa no boteco da esquina.

De algum "ponto remoto" / "no meio dos Campos Gerais" / "distante de qualquer parte" do Mutum de "Campo Geral"[343], para as telas de cinema, dos closes "míopes" no rosto do menino nascido da Capivara-de-Cima, para um encontro desprentecioso aos pés de um Morro, "belo como uma palavra".

O Mutum em ritornelo[344] nas ruas do município de Morro da Garça, ainda no início do percurso desta pesquisa, em dezembro de 2014, me fazia entender que o que acontecia ali com Thiago/Miguilim encarnava o que não cabe em pedaço de papel, mas que se dispõe em movimento como o S da dansa que viaja pela literatura ("que começa grande frase") e modela também o S do caminho da estrada de chão, da terra, das geografias do sertão mineiro. Thiago, por exemplo, muito além de Miguilim, extrapola a "forma do livro" pelo avesso – por seu exterior. Literatura que escapa das telas de cinema, que expele a vida, câmera que capta o que não enxergamos, o que é invisível, imaginamentos da poética míope de Miguilim.

Ao correr "em sentido inverso e voltando sobre seus passos", o palíndromo do m ↔ u ↔ t ↔ u ↔ m sempre altera os sentidos e os recados na travessia, induzindo passagens imersas em atravessamentos. O palíndromo é retorno, mas é principalmente *travessia*, recursividades movimentantes que saem em um lugar-outro, como na imagem musical do ritornelo.

---

[343] ROSA. *Corpo de Baile*, p. 11.

[344] Em termos gerais, o ritornelo indica uma ação de retorno, como em refrão das canções, estribilhos, ou na retomada de uma introdução ou outra parte da melodia. Mas o ritornelo ao voltar sobre si mesmo também "varia", potencializa uma força de ressonância. Cf.: DELEUZE; GUATTARI. *Mil platôs*: capitalismo e esquizofrenia 2, vol. 4.

O conceito de ritornelo para Deleuze & Guattari remete ao prisma, um "cristal de espaço tempo" que "age sobre aquilo que o rodeia", para tirar daí "vibrações variadas, decomposições, projeções e transformações"[345]. No percurso intenso desta pesquisa, agora transformada em livro, a metamorfose do "ritornelo" se fez como um verdadeiro *Giro dos Afetos*, ou ainda, como um "giro de folia" que, depois da "saída" de um lugar familiar, da "passagem" por lugares distantes com suas travessias, atravessamentos, encontros de palavras, pessoas e canções, "retorna" onde tudo começou.

"O grande ritornelo ergue-se à medida que nos afastamos de casa, mesmo que seja para ali voltar, uma vez que ninguém nos reconhecerá mais quando voltarmos"[346]

No giro do Mutum, o palíndromo volta sobre os mesmos passos operando por transformação, devir, travessia. Este trabalho, por sua vez, buscou compor harmonias musicalmente no meio dos redemoinhos, com interlúdios e ritornelos, com giros completos de "saída", "passagens" e "retorno". Foi, ao mesmo tempo, uma dansa, um corpo que baila, corpo que continua sucedendo e proliferando a rede, alastrando recados, multiplicando mundos feitos de oralidades, escritas, cinemas, cerrados, geografias, literaturas. Sertão com entradas múltiplas e saídas, linhas de fuga, florestas invertidas que submergem em procura de aquosidades, afetos, desejos, encantamento, sais minerais.

---

345 DELEUZE; GUATTARI. *Mil platôs*: capitalismo e esquizofrenia 2, vol. 4, p. 146.
346 Idem.

REFERÊNCIAS

ANDRADE, Carlos Drummond de. *Nova reunião*: 23 livros de poesia. São Paulo: Companhia das Letras, 2015.

ANDRADE, Oswald de. *Poesias reunidas*. 1ª Ed. – São Paulo: Companhia das Letras, 2017.

ANDRIOLLI, Carmen Silvia. *Sob as vestes de Sertão Veredas, o Gerais*: "Mexer com criação" no Sertão do IBAMA. Tese (Doutorado em Ciências Sociais) – Instituto de Filosofia e Ciências Humanas, Universidade Estadual de Campinas, Campinas, 2011.

BARBOSA, Gabriel Túlio de Oliveira. *Ser-tão Cerrado de Guimarães Rosa*: espaço movimentante. Dissertação (Mestrado em Geografia) – Universidade Federal de Minas Gerais, Belo Horizonte, 2013.

BARROS, Manoel de. *Revista Cultural*, Paraguay, ano 1, n.1, [s.p.], abr./maio, 1995.

BARTHES. Roland. *O rumor da língua*. São Paulo: Martins Fontes, 2004.

BENJAMIN, Walter. *Magia e técnica, arte e política*: ensaios sobre literatura e história da cultura. São Paulo: Brasiliense, 1994.

BEZERRA, Marily da Cunha; HEIDEMANN, Dieter. Viajar pelo sertão roseano é antes de tudo uma descoberta. *Estudos Avançados*, v. 20, p. 7-17, 2006

BLOCH, P. *Pedro Bloch entrevista*. Rio de Janeiro: Bloch, 1989.

BORGES, Jorge Luis. *O Aleph*. São Paulo: Companhia das Letras, 2008.

BRANDÃO, Carlos Rodrigues. *Memória – sertão*: cenários, cenas, pessoas e gestos nos sertões de João Guimarães Rosa e de Manuelzão. São Paulo: Cone Sul: UNIUBE, 1998.

BRANDÃO. Luis Alberto. *Teorias do espaço literário*. São Paulo: Perspectiva; Belo Horizonte: FAPEMIG, 2013.

BROSSA, Joan. *Poesia vista*. São Paulo: Amauta Editorial, 2005.

CÂNDIDO, Antônio. *Literatura e sociedade*: estudos de teoria e história literária. 5. ed. São Paulo: Companhia Editora Nacional, 1976.

CÂNDIDO, Antônio. O homem dos avessos. In: *Tese e antítese*: ensaios. 2.ed. São Paulo: Ed. Nacional, 1971.

CARDOSO. Sérgio Cardoso. O olhar viajante (do etnólogo). In: AGUIAR, Flavio; NOVAES, Adauto. *O olhar*. São Paulo: Cia. das Letras, 1988.

CERQUEIRA, Ana Carneiro. *O "povo" parente dos Buracos*: mexida de prosa e cozinha no cerrado mineiro. 2010. Tese (Doutorado em Antropologia Social) – Museu Nacional, Universidade Federal do Rio de Janeiro, Rio de Janeiro, 2010.

COELHO, Érico. "Orografia cenográfica (um mapa)": a música das montanhas em Corpo de baile, de João Guimarães Rosa. *O eixo e a roda:* v. 23, n. 2, Belo Horizonte, 2014.

COELHO, Érico. *Rumo a rumo de lá*: atlas fotográfico de Corpo de Baile. Tese (Doutorado em Literatura Brasileira) – Faculdade de Filosofia, Letras e Ciências Humana, Universidade de São Paulo, São Paulo, 2011.

COMPAGNON. Antoine. *O demônio da teoria*: literatura e senso comum. Belo Horizonte: Editora UFMG, 2010.

COSTA, Ana Luiza Martins. João Rosa, *viator*. In: FANTINI, Marli de Oliveira. (Org). *A poética migrante de Guimarães Rosa*. Belo Horizonte: Editora UFMG, p. 311-348, 2008.

COSTA. Ana Luiza Martins. Miguilim no cinema: da novela "Campo Geral" ao filme "Mutum". *Revista de Ciências Sociais*, Fortaleza, v. 44, n. 2, p. 31-52, jul./dez., 2013.

DAIBERT, Arlindo. *Imagens do Grande Sertão*. Belo Horizonte: Editora UFMG; Juiz de Fora: Editora UFJF, 1998.

DANOWSKI, Déborah; VIVEIROS DE CASTRO, Eduardo. *Há um mundo por vir?* Ensaio sobre os medos e os fins. Florianópolis: Cultura e Barbárie; Instituto Socioambiental, 2015.

DELEUZE, Gilles. A literatura e a vida. In: *Crítica e clínica*. São Paulo: Editora 34, 1997.

DELEUZE, Gilles; GUATTARI, Félix. *Kafka*: por uma literatura menor. Belo Horizonte: Autêntica Editora, 2014.

DELEUZE, Gilles; GUATTARI, Félix. *Mil platôs*: capitalismo e esquizofrenia 2, vol. 1. São Paulo: Editora 34, 2011.

DELEUZE, Gilles; GUATTARI, Félix. *Mil platôs*: capitalismo e esquizofrenia 2, vol. 4. São Paulo: Editora 34, 1997.

ESCHWEGE, W.L. Von. Quadro Geognóstico do Brasil e a provável rocha matriz dos diamantes. *Geonomos*, 13 (1,2): 97-109. 2005

FOUCAULT, Michel. *A arqueologia do saber*. Rio de Janeiro: Forense Universitária, 2008.

FOUCAULT, Michel. *The Foucault Reader*. New York: Pantheon, 1984.

GADAMER, Hans-Georg. *Verdade e método I*: traços fundamentais de uma hermenêutica filosófica. 7. ed. Petrópolis, RJ: Vozes; Bragança Paulista, SP: Editora Universitária São Francisco, 2005.

GONTIJO, Bernardo. Uma geografia para a Cadeia do Espinhaço. In: *Megadiversidade*, Volume 4, n° 1-2, p. 7-15, 2008.

HANSEN, João Adolfo. Forma literária e crítica da lógica racionalista em Guimarães Rosa. *Letras de Hoje*, Porto Alegre, v. 47, n. 2, p. 120-130, abr. / jun. 2012.

HANSEN, João Adolfo. *O ó*: a ficção da literatura em Grande Sertão: Veredas. São Paulo: Hedra, 2000.

HANSEN. João Adolfo. A imaginação e o paradoxo. *Floema* – Ano II, n. 3, p. 103-108, jan./jun. 2006.

HANSEN. João Adolfo. Forma, indeterminação e funcionalidade das imagens de Guimarães Rosa. In: SECCHIN, Antonio Carlos. *Veredas no sertão rosiano*. Rio de Janeiro: 7 Letras, p. 29-49, 2000.

HARVEY, David. *Condição pós-moderna*: uma pesquisa sobre as origens da mudança cultural. 23. ed. São Paulo: Edições Loyola, 2012.

ISER, Wolfgang. *O fictício e o imaginário*. Rio de Janeiro: UERJ, 1996.

JAUSS, Hans Robert. *A história da literatura como provocação à teoria literária*. São Paulo: Ática, 1994.

KOPENAWA, Davi; ALBERT, Bruce. *A queda do céu*: Palavras de um xamã yanomami. São Paulo: Companhia das Letras, 2015.

KURZ, Robert. *O colapso da modernização*: da derrocada do socialismo de caserna a crise da economia mundial. 6.ed., rev. São Paulo: Paz e Terra, 2004

LATOUR, Bruno. *Reagregando o Social*: uma introdução à teoria do Ator-Rede. Salvador: Edufba, 2012; Bauru, São Paulo: Edusc, 2012.

LATOUR. Bruno. *Jamais fomos modernos*: ensaios de uma antropologia simétrica. São Paulo: Editora 34, 2013.

LEFEBVRE, Henri. *A produção do espaço*. Trad. Doralice Barros Pereira e Sérgio Martins (do original: La production de l'espace. 4e éd. Paris: Éditions Anthropos, 2000). Primeira versão: início – fev.2006.

MARQUEZ, Renata Moreira. Imagens da natureza. In: HISSA, Cássio Eduardo Viana (org.). *Saberes ambientais*: desafios para o conhecimento socioespacial. Belo Horizonte: Editora UFMG, p. 33-46, 2008.

MASSEY, Doreen B. *Pelo espaço*: uma nova política da espacialidade. Rio de Janeiro: Bertrand Brasil, 2008.

MELO, Adriana Ferreira. *Sertões do mundo, uma epistemologia*; uma cosmologia do sertão. Tese (doutorado) – Universidade Federal de Minas Gerais, Instituto de Geociências, 2v, 2011.

MEYER, Gustavo. *O campo artístico-cultural em terras de Guimarães*: uma entrada para o desenvolvimento. Tese (Doutorado em Desenvolvimento Rural) – Faculdade de Ciências Econômicas, Universidade Federal do Rio Grande do Sul, Porto Alegre, 2015.

MEYER, Mônica. A natureza do Sertão. In: ROSA, João Guimarães. *A boiada*. Rio de Janeiro: Nova Fronteira, 2011

MEYER, Mônica. *Ser-tão natureza*: a natureza em Guimarães Rosa. Belo Horizonte: Editora UFMG, 2008.

MORIN, Edgar. *Sociologie*. Paris: Fayard, 1984.

OHATA, Milton (Org.). *Eduardo Coutinho*. São Paulo: Cosac Naify: SESC, 2013

PEREIRA, Luzimar Paulo. O giro dos outros: fundamentos e sistemas nas folias de Urucuia, Minas Gerais. *Mana*, Rio de Janeiro, v. 20, n. 3, 545-573, 2014.

PORTO, Carlos Walter. As Minas e os Gerais – Breve ensaio sobre desenvolvimento e sustentabilidade a partir da Geografia do Norte de Minas. In: LUZ, Cláudia; DAYRELL, Carlos (Org.). *Cerrado de desenvolvimento*: tradição e atualidade. Montes Claros, MG: CAA/NM–Rede Cerrado, 2000. p. 19-45.

RANCIERE, Jacques. *A partilha do sensível*: estética e política. São Paulo: EXO experimental org.: Ed. 34, 2005

RICOEUR, Paul. *Do texto à acção* – ensaios de hermenêutica II. Portugal: Rés Editora, 1991.

RICOEUR, Paul. *Tempo e narrativa*. São Paulo: WMF Martins Fontes, vol. 3, 2010.

ROSA, João Guimarães. *A boiada*. Rio de Janeiro: Nova Fronteira, 2011.

ROSA, João Guimarães. *Corpo de baile*. Ed. comemorativa 50 anos (1956-2006). Rio de Janeiro: Nova Fronteira, 2006. 2 v.

ROSA, João Guimarães. Diálogo com Günter Lorenz. In: COUTINHO, Eduardo F. (Org.). *Guimarães Rosa*. Rio de Janeiro: Civilização Brasileira; Brasília: INL, p. 62-97. (Col. Fortuna Crítica, v. 6), 1983.

ROSA, João Guimarães. *Estas Estórias*. 5. ed. Rio de Janeiro: Nova Fronteira, 2001.

ROSA, João Guimarães. *Grande Sertão: Veredas*. – 19. Ed. Rio de Janeiro: Nova Fronteira, 2001.

ROSA. João Guimarães. Pequena palavra. In: RONAI, Paulo. *Antologia do conto húngaro*. Rio de Janeiro: TOPBOOKS, 1998.

ROSA, João Guimarães. *Primeiras Estórias*. 1. Ed – Rio de Janeiro: MEDIAfashion, 2008.

ROSA, João Guimarães. *Sagarana*. 31ª Ed. – Rio de Janeiro. Nova Fronteira. 1984.

ROSA, João Guimarães. *Tutaméia*: terceiras estórias. 9ª ed. Rio de Janeiro: Nova Fronteira, 2009.

ROSA, João Guimarães; ACADEMIA BRASILEIRA DE LETRAS. *João Guimarães Rosa*: correspondência com seu tradutor italiano Edoardo Bizzarri. 3. ed. Rio de Janeiro: Nova Fronteira: Belo Horizonte: Editora UFMG, 2003.

ROWLAND. *A forma do meio*: livro e narração na obra de João Guimarães Rosa. Campinas, SP: Editora da Unicamp; Editora da Universidade de São Paulo, 2011.

SAADI, A. A geomorfologia da Serra do Espinhaço em Minas Gerais e de suas margens. *Geonomos* 3 (1): 41-63, 1995.

SANTIAGO, Silviano. *Genealogia da ferocidade*: ensaio. Recife: Cepe, 2017.

SANTOS, Milton. *A natureza do espaço:* técnica e tempo, razão e emoção. 4. ed. 7. reimpr. São Paulo: Editora da Universidade de São Paulo, 2012.

SANTOS, Milton. *Encontros* (organização Maria Angela P). Rio de Janeiro: Beco do Azougue, 2007.

SANTOS, Milton. *Por uma outra globalização*: do pensamento único à consciência universal. São Paulo: Editora Record, 2001.

SANTOS. Boaventura Souza Santos. Para uma sociologia das ausências e uma sociologia das emergências. In: *Revista Crítica de Ciências Sociais*, 63, p. 237-280, 2002.

SILVA JUNIOR, Paulo. *O Acre existe*. São Paulo: Editora Canhoto, 2016.

SILVA, Rosa Amélia Pereira da. *Nesta água que não para*: leitura de João Guimarães Rosa no Vale do Rio Urucuia. Tese (Doutorado em Literatura) – Instituto de Letras, Universidade de Brasília, Brasília, 2014.

SOARES, Claudia Campos. Considerações sobre Corpo de baile. *Itinerários*, Araraquara, n. 25, p. 39-64, 2007.

SOARES, Claudia Campos. Grande sertão: veredas e a impossibilidade de fixação do sentido das coisas e da linguagem. In: *O eixo e a roda:* v. 23, n. 1, p. 165-187, 2014.

SOARES, Claudia Campos. Um enfoque fora de foco: reflexões sobre o ponto de vista em "Campo geral". *Revista do CESP* – v. 24, n. 33 – jan.-dez. p. 183-208, 2004.

TAVARES, Gonçalo M. *Breves notas sobre ciência*. Lisboa, Relógio D' Água. 2006.

TONDINELI, Patrícia Goulart. Viagem pelo sertão rosiano: estudo toponímico de grande sertão: veredas. *Anais do SILEL*. Volume 3, Número 1. Uberlândia: EDUFU, 2013.

VIGGIANO, Alan. *Itinerário de Riobaldo Tatarana*. 2. ed. Rio de Janeiro: José Olympio; Brasília: INL, 1978.

VIVEIROS DE CASTRO, Eduardo. *Encontros* (entrevistas). Rio de Janeiro: Azougue, 2007.

VIVEIROS DE CASTRO, Eduardo. *Metafísicas Canibais*: elementos para uma antropologia pós-estrutural. São Paulo: Cosac Naify, 2015.

VIVEIROS DE CASTRO, Eduardo. O Nativo Relativo. In: *Mana* vol. 8 n.1. p. 113-148, 2002.

VIVEIROS DE CASTRO, Eduardo. O recado da mata (prefácio). In: KOPENAWA, Davi; ALBERT, Bruce. *A queda do céu*: Palavras de um xamã yanomami. São Paulo: Companhia das Letras, 2015.

WAGNER, Roy. *A invenção da cultura*. São Paulo: Cosac Naify, 2012.

WISNIK, José Miguel. Recado da viagem. *Scripta*, Belo Horizonte, v. 02, n.3, p. 160-170, 1998.

WISNIK, José Miguel. O Famigerado. *Scripta*, Belo Horizonte, v. 5, n. 10, p. 177– 198, 2002.

CRÉDITOS DAS ILUSTRAÇÕES
p. 20, 34, 76, 124, 166: Alves
p. 96: Yuri Alves e Fernando

◎ editoraletramento 🌐 editoraletramento.com.br
ⓕ editoraletramento in company/grupoeditorialletramento
🐦 grupoletramento ✉ contato@editoraletramento.com.br

🌐 casadodireito.com ⓕ casadodireitoed ◎ casadodireito